Pirkko-Liisa Surojegin

Von Fuchs, Wolf und Bär …

Tiermärchen aus dem hohen Norden

Pirkko-Liisa Surojegin

Von Fuchs, Wolf und Bär …

Tiermärchen aus dem hohen Norden

Ausgewählt, nacherzählt und illustriert
von Pirkko-Liisa Surojegin, basierend auf den Tiergeschichten
von Osmo Iisalo von 1921

aus dem Finnischen von Elina Kritzokat

Urachhaus

Die Originalausgabe erschien erstmals 1997 unter dem Titel *Suomen lasten eläinsadut.*

Eine Neuausgabe erschien 2010 bei Otava, Helsinki, Finnland.

Die Veröffentlichung in deutscher Sprache wurde mit Rights & Brands vereinbart.

FILI FINNISH LITERATURE EXCHANGE

Die Übersetzung dieses Buches wurde von
FILI – Finnish Literature Exchange gefördert.

Die Übersetzerin dankt dem Deutschen Übersetzerfonds für die Förderung ihrer Arbeit.

ISBN 978-3-8251-5208-6

Erschienen 2021 im Verlag Urachhaus
www.urachhaus.com

Gesamtherstellung: Grafisches Centrum Cuno, Calbe

Inhalt

Vorwort

Diesem Buch liegen der Respekt und die Liebe zugrunde, die ich für den finnischen Wald und seine Lebewesen empfinde. Ich wollte humorvolle und warmherzige Geschichten über Tiere vorlegen, und eine große Hilfe war mir dabei das 1921 von Osmo Iisalo bzw. Eino Railo veröffentlichte *Tierbuch des finnischen Volkes*. Ich bin den Nachfahren Eino Railos tief dankbar dafür, dass ich dessen farbige Tiergeschichten frei benutzen durfte.

Als Hauptfiguren begegnen wir immer wieder – gemäß der Tradition finnischer Tiermärchen – dem gutgläubigen Bären und dem listigen Fuchs. Die domestizierten Tiere wie der Hahn oder die Sau leben auf dem nahe gelegenen Bauernhof. Indem die Waldtiere immer wieder das Treiben des Bauern beobachten und zu imitieren versuchen, stehen sie in regelmäßigem Kontakt zur menschlichen Welt. Mehrmals taucht im Buch das Thema Getreideanbau auf. Ein anderes Thema ist der Bau einer Straße, die den Wald besser passierbar machen soll. Weitere Geschichten handeln vom alltäglichen Tun und Treiben der verschiedenen Tiere.

Ich wollte der Tradition finnischer Tiermärchen treu bleiben und habe daher ihre alte Sprache zu einem guten Teil erhalten. In meinen Illustrationen war mir die urwüchsige Atmosphäre des Waldes besonders wichtig – dies ebenfalls aus Respekt. Auch alle im Buch vorkommenden Gegenstände, Werkzeuge und Arbeitsmethoden sind dargestellt wie früher. Da vielleicht nicht alle heutigen Leser und Leserinnen sie kennen, habe ich das Buch am Ende mit einem bebilderten Anhang ausgestattet.

Ich hoffe, mithilfe der Bilder und Geschichten können alle Leser und Leserinnen genüsslich in die sinnliche Atmosphäre des finnischen Waldes eintauchen.

Espoo/Finnland, 23. August 1997
Pirkko-Liisa Surojegin

Wie der Bär, der Wolf und der Fuchs ein Waldstück roden wollten

Eines schönen Frühlings beschlossen der Bär, der Wolf und der Fuchs, Getreide und Gemüse anzubauen, denn das Jagen von Wild war doch immer wieder mühsam, und immer häufiger knurrte den dreien der Magen. Da sie das Tagwerk des alten Bauern vom Waldhof ausgiebig beobachtet hatten, fanden die drei Freunde, sie wüssten nun genug über Ackerbau. Also suchten sie im Wald nach einem passenden Flecken für ihr

Feld und begannen Bäume zu fällen. Doch der Fuchs hatte keine Lust zu arbeiten und wollte sich vor der Aufgabe drücken, wobei ihm jedes Mittel recht war.

»Ich habe mir überlegt, dass es klug wäre, uns anständig mit Proviant zu versorgen. Wo wir doch eine so schwere Arbeit vor uns haben«, sprach er. »Gerade eben sah ich die Bäuerin vom Waldhof ihren Buttertopf in die Vorratshütte bringen. Sagt mir, liebe Freunde, sollen wir uns den Buttertopf holen?«

»Eine gute Idee«, sagten der Bär und der Wolf wie aus einem Munde.

Und so gingen sie sich den Buttertopf holen, und es war auch ganz einfach: Der Bär blieb am Zaun und hielt Wache, während der Wolf und der Fuchs in die Vorratshütte schlichen und sich den Topf schnappten. Flink liefen sie mit ihrer Beute in den Wald.

»Wie sollen wir den Butterproviant aufteilen?«, fragte der Bär.

Der Fuchs schlug vor, das Fass solle derjenige bekommen, der am meisten wüsste, und behauptete, sich an sämtliche uralte Begebenheiten genau zu erinnern und über alles Bescheid zu wissen.

Da wurde der Bär wütend, donnerte den Buttertopf auf den Boden und rief:

»Halt deinen Mund, elendes Rotfell! Du hast gerade erst drei Sommer erblickt und willst schon alles wissen?«

Der Fuchs merkte, dass er den Bären nicht für seinen Vorschlag gewinnen würde, und machte einen zweiten Vorschlag: Der Buttertopf sollte in dem kühlen Spalt zwischen zwei großen Steinen warten, bis die drei Freunde eine Lösung fänden, wie sie ihn aufteilen konnten.

Gesagt, getan. So machten sie sich wieder an die Arbeit. Der Bär und der Wolf fällten eifrig Bäume und stemmten Wurzeln aus dem Boden. Der Fuchs allerdings schlich tatenlos herum und gab nur vor zu arbeiten.

Irgendwann wurde das dem Bären zu bunt. Auf sein Geschleiche angesprochen, erklärte der Fuchs ungerührt, er würde mit scharfem Blick darüber wachen, dass seinen Freunden kein Baumstamm auf den Kopf fiele. Mit dieser Erklärung gaben der Bär und der Wolf sich zufrieden und rackerten weiter. Nach einer Weile jedoch fällte der Bär einen derart großen Baum, dass selbst ein starker Kerl wie er ihn nicht allein forttragen konnte, und so bat er den Fuchs um Hilfe.

»Fass du oben an den Zweigen an, dann trage ich unten am Stamm«, sagte der Fuchs.

Der Bär tat, wie der Fuchs geheißen, doch als er sich nach einer Weile umdrehte, sah er den Fuchs träge auf dem Baumstamm liegen. Er ließ sich vom Bären ziehen! Jetzt war das Maß voll.

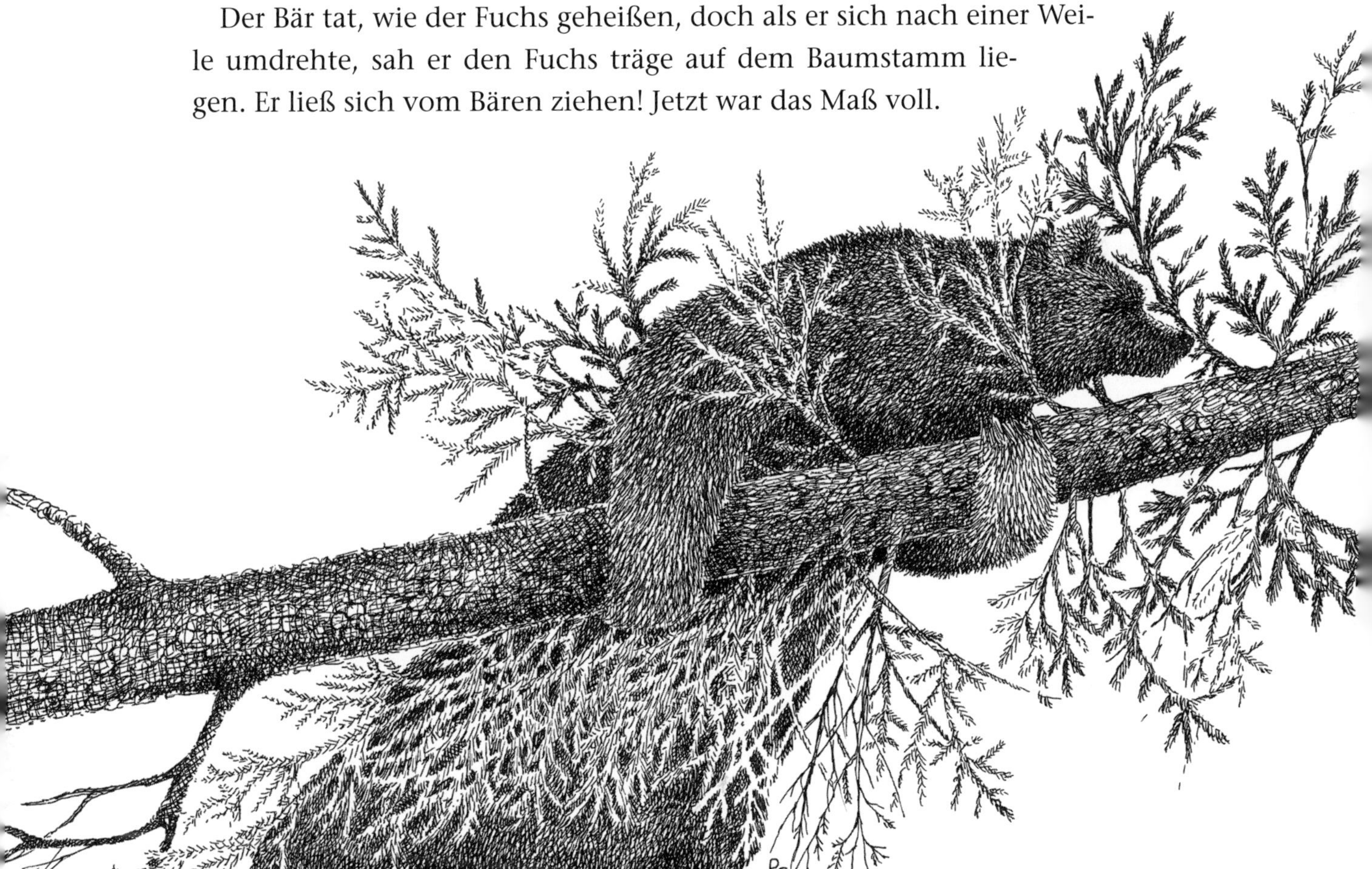

Der Bär jagte dem Fuchs hinterher, doch der versteckte sich hinter einem Baum und rief von dort beschwichtigende Worte hervor. Der Bär, der lieber vorankommen wollte als zu streiten, beruhigte sich wieder, und so machten alle weiter. Es wurde Abend, und sie legten sich schlafen. Doch der Fuchs schlief nicht, denn er dachte die ganze Zeit an den frischen Buttertopf.

Am Morgen verspürte er nicht die geringste Arbeitslust, und seine Gedanken kreisten unaufhörlich um die Köstlichkeit zwischen den großen, kühlen Steinen.

»Hört mal, meine Gefährten. Heute Nacht, als ihr beide tief geschlafen habt, kam der Hund vom Waldhof und hat mich zu einem Fest eingeladen.«

Der Bär und der Wolf fanden das nicht besonders passend, hatten sie doch alle Hände voll zu tun. Aber sie ließen ihren Freund ziehen und arbeiteten ohne ihn. Bester Dinge schlich der Fuchs sich zu den kühlen Steinen und fing an zu essen. Als er satt war, legte er den Deckel zurück aufs Fass und das Fass zwischen die Steine. Den Rest des Tages verbrachte er träge in der Sonne, bis er abends zu den anderen beiden zurückkehrte.

»Und, war es ein lustiges Fest?«, fragte der Bär.

»Ja, ein sehr lustiges«, lobte der Fuchs, »und die Speisen waren köstlich und reichhaltig, sogar frische Butter gab es, so viel man essen konnte.«

Wieder wurde es Nacht, und am nächsten Morgen erzählte der Fuchs seinen Freunden, dass nun der Hund vom Windhof gekommen sei und ihn, den Fuchs, zu einem Fest eingeladen habe.

»Merkwürdig«, wunderten sich der Bär und der Wolf, »wieso laden die Hunde nur dich ein und nicht uns alle?«

»Was sollten die euch arme alte Trottel einladen? Damit ihr den Jüngeren beim Fest im Weg herumsteht?«, entgegnete der Fuchs frech, und da er nun schon mal eine Einladung erhalten hatte, ließen die anderen

beiden ihn ziehen. Munter ging er davon und trippelte sofort zu den Steinen, nahm den Deckel des Buttertopfes ab und aß sich dick und rund und satt, wie schon am Tag zuvor.

»Na, war es wieder lustig?«, fragte der Bär, als der Fuchs am Abend zurückkam.

»Oh ja!«, versicherte der Fuchs und wischte sich die fettigen Lefzen sauber.

Wieder verging eine Nacht, und am Morgen bekamen der Bär und der Wolf zu hören, dass der Fuchs nun zum Fest auf dem Seehof eingeladen sei.

»Dass die jetzt alle feiern!«, staunte der Bär, »dabei gibt es im Frühling doch reichlich zu tun! Aber gut, dann geh zu deinem ollen Fest, wo du anscheinend so beliebt bist.«

Schnurstracks lief der Fuchs zum Buttertopf, und dieses Mal aß er ihn leer. Als er abends zu seinen Freunden zurückkehrte, hatten diese das ganze Feld freigerodet und lagen mit matten Gliedern im Moos.

»Hör mal, Fuchs«, sagte der Bär, »du hast ja nun drei Tage lang gefeiert und gegessen. Da wäre es doch nur recht, wenn der Wolf und ich uns morgen früh die Butter teilen.«

»Aber ja doch«, stimmte der Fuchs zu und tat ganz fürsorglich, »das habt ihr euch redlich verdient. Ein riesengroßes Feld habt ihr gerodet!«

Am nächsten Morgen gingen die drei zu den Steinen, zwischen denen der Buttertopf wartete. Als sie den Deckel abnahmen, fanden sie nur noch ein paar letzte Butterklümpchen. Der Bär und der Wolf sahen einander finster an, dann musterten sie den Fuchs.

»Du Schurke hast dich hergeschlichen und die Butter aufgegessen!«, grollte der Bär, und der Wolf zeigte drohend seine gelben Zähne.

»Ich? Wann sollte ich das getan haben? Ich habe von morgens bis abends gefeiert! Nein, ihr selbst habt die Butter aufgegessen, und nun wollt ihr es auf mich schieben! Aber ich weiß, wie wir den Schuldigen finden. Wir legen uns alle dort drüben in die Sonne, und bei wem das Fett aus der Schnauze trieft, der hat die Butter aufgegessen.«

Der Bär und der Wolf willigten ein und glaubten fest, dass der Fuchs der Schuldige sei. Als sie so in der Sonne lagen, schliefen der Bär und der Wolf bald ein. Zu müde waren ihre Glieder von der harten Arbeit der letzten Tage.

Da stand der Fuchs leise auf und strich den Freunden die restliche Butter um die Mäuler. Sobald die Butter in der Sonne zu schmelzen und zu glänzen begann, weckte er die beiden auf und rief:

»Steht auf, ihr beiden! Eure Mäuler sind voller Butter!«

Beschämt mussten der Bär und der Wolf feststellen, dass der Fuchs recht hatte. Trotzdem ahnten sie, dass das Ganze ein übler Streich war, den der Fuchs ihnen gespielt hatte. Grimmig zogen sie von dannen.

Wie der Bär und der Wolf auf die Welt kamen

Eines Abends nach der Rodung des Waldstücks lagen der Bär, der Wolf und der Fuchs unter einer Tanne und schauten durch die Äste in den blassblauen Frühlingshimmel. Als die drei eine Weile schweigend dagelegen, die köstlichen Düfte des Waldes eingesogen und das Pfeifkonzert der Vögel genossen hatten, seufzte der Bär einmal ganz tief. Mit andächtiger Stimme sagte er:

»Ach, was ist diese Welt doch für ein Wunder. Dass sie überhaupt entstanden ist! Und denkt nur erst an uns Bären. Wir sind von allerhöchster Geburt. Von oben vom Mond kommen wir her, aus den Reihen der Sterne, von den Schultern des Großen Wagens. Von dort brachte man uns und auch mich auf die Erde herab, hierher in den heimeligen Hain, wo die holde Waldmaid, die so lieblich sang wie die Blauammer, mich in einer goldenen Wiege schaukelte, geborgen im Schutz frisch ausschlagender Tannen. Und als ich dann in den sanften Strudeln des Flusses getauft wurde, wer war da wohl mein Täufer? Der Waldgott Tapio persönlich! Und meine Patin wurde die heilige Waldmagd. Und auf welchen Namen wurde der Täufling wohl getauft? Trallalli, trallalla, natürlich auf den Namen Honigtatze, König des Waldes. Ja, Könige sind wir Bären, und so kamen wir auf die Welt.«

Der Bär seufzte ein weiteres Mal ganz tief und blickte versonnen in den Himmel. Der Wolf und der Fuchs schauten ihn verdattert an. So gesprächig und wortgewandt kannten sie ihren brummigen Freund bisher nicht. Der Fuchs fand als Erster seine Sprache wieder.

»Oh ja. Über die Geburt von uns Tieren erzählt man so Einiges. Auch über die der Wölfe.«

»Was weißt *du* schon von meiner Geburt?«, knurrte der Wolf, der den Fuchs schon zu oft als Schummler und Schurken erlebt hatte.

Der Fuchs beachtete den Wolf nicht weiter und fuhr fort: »Eines Tages vor langer Zeit wandelte die Gierhexe an den Gewässern entlang. Sie

spuckte einmal kräftig aus, und aus den Wassern empor stieg die Speihexe. Die begab sich auf eine öde, verlassene Insel, rieb ihre Handflächen aneinander und schuf ein flauschiges Garn. Dieses Garn schleuderte sie in die Wellen, und die spülten es ins Uferdickicht zwischen die Bäume: Dort wurde unser pelziges Raubein geboren – *du*, lieber Wolf.«

»Was du immer alles erzählst!«, schnauzte der Wolf ihn an.

Doch der Fuchs versicherte, aufrichtig und ehrlich vom wahren Ursprung erzählt und nichts ersonnen zu haben. Das beruhigte den Wolf, und so rollte er sich zusammen und wartete auf den Schlaf.

Der Bär hatte den beiden kaum zugehört und blickte, noch immer erfüllt von seiner eigenen Geschichte, selig in den hohen Himmel. Der Fuchs verstand ihn nur zu gut, war die Geburtsgeschichte des Bären doch wirklich eine feine und edle. Woher er sie wohl kannte?

Von seiner eigenen Geburt wusste der Fuchs nicht das winzigste Fitzelchen. Und sosehr er auch sann, ihm wollte einfach keine angemessene Geschichte einfallen. Damit musste er sich wohl abfinden. Und so seufzte auch er, nahm sein Schicksal an, bettete den Kopf ins Moos und schlief ein.

Besuch und Gegenbesuch

Auf einem Streifzug durch den Sumpf begegnete der Fuchs dem Kranich, und der Kranich lud den Fuchs kurzerhand zu sich ein. Während der Fuchs dem Vogel bei der Essenszubereitung über die Schulter sah, fragte er ihn neugierig:

»Sag mal, lieber Kranich, wieso reckst du eigentlich beim Singen immer deinen Schnabel in die Höhe?«

Der Kranich erklärte: »Früher haben wir Kraniche mit dem Schnabel am Boden gesungen, sogar beim Aufpicken der Moosbeeren. Doch dann ist einem meiner Brüder eine flinke Schlange in die Kehle geglitten. Seitdem singen wir nur noch mit erhobenem Schnabel.«

Als der Kranich das Süppchen fertig hatte, goss er es in ein hohes Butterfass und bat den Fuchs zu Tisch. Der Kranich bog seinen langen Hals nach unten und konnte die Suppe mühelos schlürfen, sogar an die letzten Schlückchen am Boden kam er heran. Er kollerte zufrieden und lobte das vorzügliche Mahl. Der Fuchs dagegen konnte nur das Wenige essen, das der Kranich oben am Rand des Butterfasses übrig gelassen hatte, und dabei bekleckerte er auch noch sein Fell. Da sagte der Kranich:

»So schlürft mein spitzer Schnabel!

Und, wie schlabbert dein ledriger Zungenlappen?«

Beschämt musste der Fuchs zugeben:

»Mein ledriger Zungenlappen schlabbert nicht gut.«

Erbost über die misslich verlaufene Einladung schwor er sich, es dem Kranich heimzuzahlen. So ließ der Fuchs ein wenig Zeit verstreichen und sprach eine Gegeneinladung aus. Munter bereitete er ein Süppchen zu, goss es beim Servieren auf einen glatten Felsen und bat den Kranich zu Tisch. Vergeblich versuchte der Kranich, mit seinem spitzen Schnabel etwas Suppe aufzupicken. Der Fuchs dagegen leckte, schleckte und schlabberte alles in sich hinein. Zufrieden sagte er:

»So schlabbert mein ledriger Zungenlappen! Und, wie schlürft dein spitzer Schnabel?«

Verschämt antwortete der Kranich:

»Mein spitzer Schnabel schlürft nicht gut.«

Dieses Mal war es der Kranich, der erbost über die misslich verlaufene Einladung hinfortflog.

Diesen üblen Streich würde er nie vergessen.

Der Fuchs und die Krähe

Der Fuchs trippelte hungrig den Waldweg entlang und suchte ungeduldig nach Essbarem. Da entdeckte er über sich die Krähe, die gerade von ihrem morgendlichen Flug in ihr Nest zurückkehrte. Fiebrig überlegte der Fuchs, wie er die Krähe in sein Maul bekäme. Er kannte sie gut und wusste, dass sie die schlauste unter den Krähen war: Pfiffig umflog sie jede Gefahr und war noch niemandem in die Falle gegangen.

Nach einigem Nachdenken fiel dem Fuchs schließlich etwas ein. Er lief an den Rand einer Lichtung, legte sich ins flache Gras und stellte sich tot. Sogar seine Zunge ließ er schlaff aus dem Maul hängen. So wartete er ab, was passierte.

Und es dauerte auch nicht lange, da entdeckte die Krähe den Fuchs und flog neugierig herbei. Vorsichtig umkreiste sie den Fuchs und beobachtete ihn, doch er rührte sich keinen Millimeter. Da hüpfte sie zum Schwanz, hob ihn an und begutachtete den runden Hintern:

»Was für ein prächtiger, fetter Kerl!«, lobte sie.

Der Fuchs lag mucksmäuschenstill. Die Krähe stakste zu seiner Schnauze und pickte mit ihrem scharfen Schnabel in seine Zunge. Nichts passierte. Doch beim zweiten Picken sprang der Fuchs blitzschnell auf und schnappte zu. Er erwischte die Krähe an den Schwanzfedern und freute sich: Endlich war ihm das schlaue Biest in die Falle gegangen! Die Krähe sah ihr letztes Stündchen schon gekommen, versuchte es aber noch mit einem Trick:

»Schau mal, da vorn in der Mitte der Lichtung können alle Waldbewohner sehen, wie du mich auffrisst. Geh dorthin und zeige deinen Sieg!«

Der Fuchs fand das einen guten Gedanken und trottete los, den Krähenschwanz fest zwischen seinen Zähnen.

»Ich kann den Weg dorthin auch allein gehen. Dann bist du gleich nicht so aus der Puste«, schlug die Krähe vor.

Auch das fand der Fuchs einen guten Gedanken, und so öffnete er sein Maul und legte die Krähe am Boden ab. Die flatterte sofort in die Lüfte und rief dem Fuchs von oben zu:

»Ha, dachtest du etwa, die Weisheit des Waldes gehört dir allein, listiges Rotfell? Da hast du dich getäuscht!«

Vor allen Waldbewohnern blamiert, musste der Fuchs sich eingestehen, dass die Krähe auch dieses Mal klüger gewesen war.

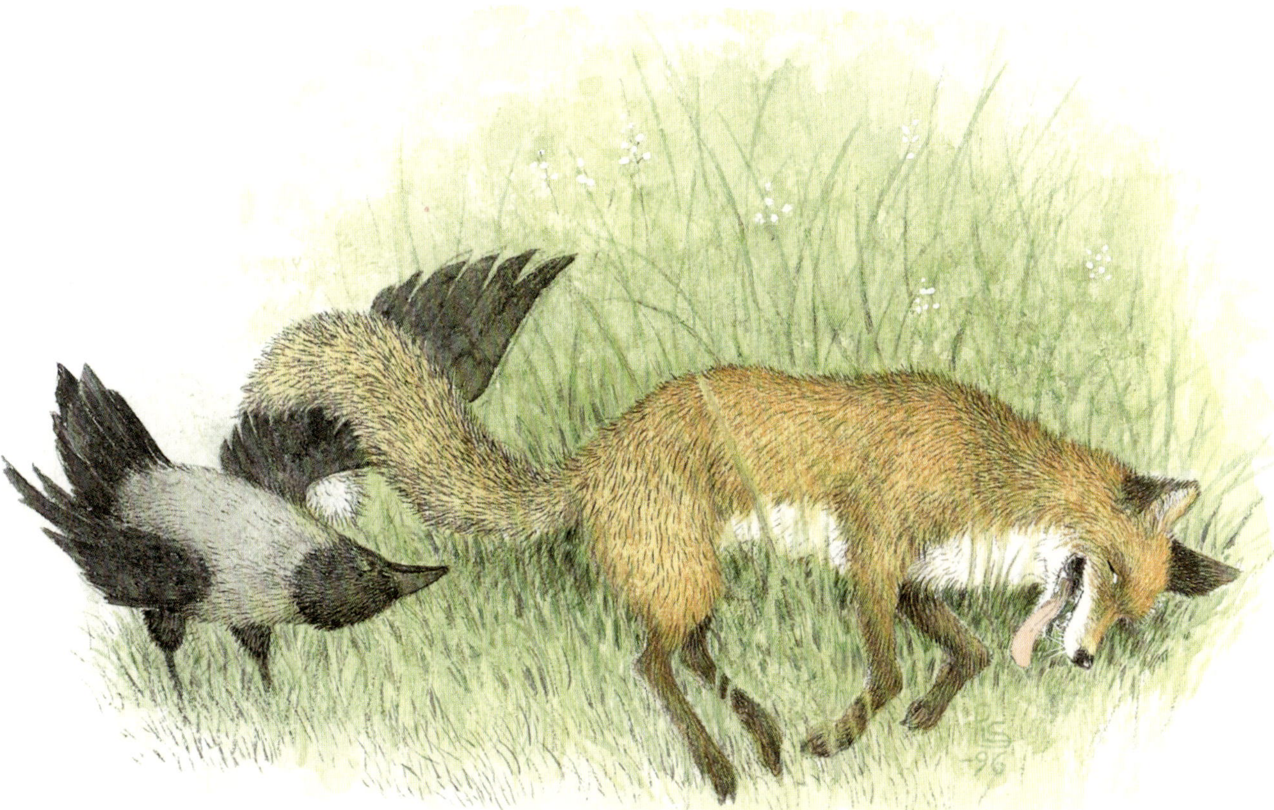

Wie der Bär, der Wolf und der Fuchs das Waldstück weiterrodeten

Nach dem Streit um den Buttertopf hatten der Bär, der Wolf und der Fuchs ihr Vorhaben, ein Feld zu roden, nicht vorangebracht. Doch bis die drei Freunde ein bestelltes Feld vor sich hätten, gab es noch reichlich zu tun. Sie mussten das Gehölz brandroden, den freigebrannten Boden pflügen und die Saat aussähen.

Eines klaren Frühlingsmorgens ging der Bär, der mit seinen schweren Schritten und dem dichten Fell einer Walze aus Moos glich, zum Schlafplatz des Wolfes, um ihn zur Arbeit zu rufen. Der Wolf, der gerade in die Morgensonne geblinzelt, seine scharfen Zähne mit einem zufriedenen Grinsen entblößt und seinen zotteligen Pelz gewärmt hatte, hüpfte erschrocken zur Seite, so laut tönte der Bär: »Die Arbeit ruft, Freund, die Arbeit ruft!«

Noch ehe der Wolf sich von dem Schrecken erholt und seine Sprache wiedergefunden hatte, stapfte der Bär bereits zum Schlafplatz des Fuchses, wo er abermals rief: »Die Arbeit ruft, Freund, die Arbeit ruft!«

»Ach, du liebe Güte«, blaffte der Fuchs. »Aber gut, ich komme, ich komme – sobald ich eben kann.«

Doch der Bär war schon verschwunden.

Der Fuchs setzte sich auf, gähnte die Sonne an und begann seinen Pelz zu lecken, aus dem sich langsam das Winterfell löste.

»Bei der Feldarbeit wird man doch nur schmutzig«, überlegte er, »und mein guter Pelz ganz staubig. Aber in irgendeiner Weise dabei sein muss ich wohl. Und wer weiß, vielleicht wird es am Ende ja richtig lustig.« Und so ging er dem Bären hinterher. Aber in was für einem trägen Tempo! Langsam und gemächlich bewegte er sich und blieb immer wieder stehen, um die Schönheit des Frühlings zu bestaunen. Und als er es oben in den Baumwipfeln flattern sah, begann er nachzusinnen, wie er sich einen leckeren Vogelhappen beschaffen könnte. So viele Krähen im Wald! Doch wie er es auch anstellte, die Vögel waren wieder einmal klüger als er, und da musste

er auf den saftigen Happen verzichten. Trotz aller Trödelei kam der Fuchs schließlich an der Arbeitsstätte an und sah dort schon den Rauch aufsteigen. Der Bär und der Wolf wälzten emsig die gefällten Baumstämme ins Feuer und brannten geschickt das Feldstück frei. So tüchtig arbeiteten die beiden, dass der Fuchs sie nicht in ihrem Eifer stören wollte. Also lümmelte er eine Weile in einem Buschversteck, bis er irgendwann doch hervorkam, auf einem Baumstumpf Platz nahm und sich zeigte. Mit unschuldigem Blick schaute er zu seinen Freunden hinüber. Der Bär bemerkte ihn sogleich und grummelte böse:

»Du Faulpelz! Was hockst du da herum? Komm rüber und hilf uns.«

»Ich und ein Faulpelz?«, rief der Fuchs empört. »Ich wache die ganze Zeit über eure Arbeit! Mit scharfen Augen passe ich auf, dass das Feuer sich nicht ausbreitet und auf euch, liebe Freunde, überspringt! Macht nur ohne mich weiter, ich bin eure Wache, euer Schutz.«

»Wache und Schutz, pah!«, knurrte der Wolf böse und zeigte dabei seine von der Arbeit rußig gewordene Schnauze. Doch der Bär brummte gutmütig:

»Na gut, Fuchs, dann wache du über uns. Solange du es gründlich tust!«

Das befolgte der Fuchs nur zu gern, und während der Bär und der Wolf im Feuerschein weiterrackerten, schmiegte er sich unter einem Busch ins Gras und döste ein. Nach einer guten Weile war das Feld endlich freigebrannt; nun kam das Pflügen an die Reihe. Der Bär erwies sich hierin als echter Meister: Er zog den Pflug so tüchtig, dass alle Wurzelstücke zerfielen und eine lockere, feine Ackerkrume hinter ihm zurückblieb. Von so zünftiger Arbeit stand dem Bären bald der Schweiß auf der Stirn, und auch der Wolf kam mächtig ins Schwitzen. Als der Acker fertig vor ihnen lag, begannen sie sogleich, einen Zaun zu errichten, damit ihnen keine Tiere durch die glatte Erde trampelten.

»Aber jetzt könntest du doch helfen!«, rief der Bär zum Fuchs hinüber.

»Den Zaunbau überlasse ich gerne euch«, erwiderte das Rotfell. »Ich passe unterdessen von hier auf, dass ihr euch nicht verletzt.«

Der Wolf knurrte gereizt zum Fuchs hinüber, doch der Bär schuftete bereits weiter und rammte dicke Kiefernstämme in die Erde. Nach einer Weile säumte ein stabiler Zaun ihren Acker. Fehlte nur noch die Saat. Der Bär, der nun allmählich müde wurde, rief zum Fuchs hinüber, dass er doch wenigstens beim Säen helfen könne.

»Also wirklich, meine lieben Freunde«, protestierte der Fuchs, »wie soll ich das schaffen? Ich muss schließlich aufpassen, dass keine Vögel aufs Feld fliegen und unsere Saat aufpicken! Ohne mich würde kein einziger Halm emporsprießen!«

Der Wolf, nun ernsthaft verärgert, heulte wütend auf. Der Bär dagegen fand, es lohne sich nicht, den Fuchs weiter um Hilfe anzubetteln, schon gar nicht an so einem warmen Frühlingstag. Tapfer brachte er die Arbeit zu Ende, nickte zufrieden und trottete zu einer schattigen Stelle, an der unter ein paar Tannen eine Quelle zwischen den Steinen plätscherte. Schläfrig ließ er sich ins Moos fallen und streckte seine Tatzen ins kühlende Wasser.

Der Fuchs fabuliert

Nachdem der Acker nun bestellt war, ruhte der Bär sich gemütlich an der schattigen Quelle aus. Doch leider währte seine Ruhe nicht lange, denn bald kamen der Wolf und der Fuchs herbei und wollten ihren Durst stillen. Als sie sich danach ins Moos setzten und sie alle drei beisammen waren, fand der Fuchs, dies sei ein trefflicher Augenblick für eine gute Geschichte.

»Du kennst doch gar keine Geschichten, jedenfalls keine wahren«, brummte der Bär, »du kannst höchstens was zusammenfabulieren.«

»Aber selbstverständlich kenne ich wahre Geschichten«, widersprach der Fuchs, »sogar über dich höchstpersönlich kann ich eine erzählen!«

»Na gut, dann fang mal an. Aber bleib auf dem Teppich und mach dich nicht wichtig, alter Freund«, mahnte der Bär mit einem Seufzen und bereute es sogleich wieder. Wann konnte man dem Fuchs schon trauen? Doch der Fuchs erzählte schon drauflos:

»Eines Tages beschlug der Bauer vom Waldhof sein Pferd mit neuen Hufeisen und führte es danach auf die Weide hier bei den Tannen. Zu dieser Zeit lebten bei uns hier im nördlichen Wald noch echte Löwen.«

»Löwen, hier?«, donnerte der Bär verblüfft.

Der Fuchs ließ sich nicht beirren und erzählte weiter.

»Kaum stand das Pferd auf der Weide, erschien dort ein Löwe. Als er sah, wie groß das fremde Wesen mit den glänzenden Füßen war, forderte der Löwe es zu einem Kräftemessen auf. Das Pferd willigte ein – unter der Bedingung, dass die Kräfte beim Steineschießen gemessen werden sollten. Der Löwe nickte, und so begannen sie ihren Wettbewerb. ›War das ein guter Schuss!‹, prahlte der Löwe, der als Erstes einen runden Stein weggetreten hatte.

›Ha, das ist doch gar nichts‹, wieherte das Pferd und schoss seinen Stein so kräftig fort, dass das neue Hufeisen Funken schlug. Der Löwe sah sofort, dass

sein Gegner den Stein viel weiter getreten hatte, zog den Schwanz ein und schlich vom Platz. ›Was für ein Kraftprotz dieses Tier doch ist‹, grummelte er leise. Bald kam dem Löwen ein Wolf entgegen, dem er sofort berichtete, was da eben Unglaubliches geschehen war. ›Pah‹, sagte der Wolf und griente verächtlich, ›das war doch nur ein Pferd, und Pferde habe ich in meinem Leben schon so viele gefressen, dass ich deine Geschichte kaum glauben kann.‹

Da wurde der Löwe wütend. ›Du Schwächling willst ein ganzes Pferd gefressen haben, und das mehrmals?‹, brüllte er und haute dem Wolf eins mit der Tatze über. Erschrocken trat der Wolf die Flucht an. Leider hat sein Rücken sich bis heute nicht von dem Hieb erholt.«

Das gefiel dem Wolf, der behaglich an der Quelle lümmelte, nun gar nicht, und er knurrte warnend: »Keine falschen Ausschmückungen! Bleib bei der Sache, Fuchs!«

Der Fuchs fuhr fort: »Bald darauf traf der Löwe auf einen Bären, dem er sogleich von der unfassbaren Stärke des Wesens mit den funkensprühenden Füßen erzählte. ›Es verbreitet Furcht und Schrecken, man traut sich gar nicht, es zu fressen‹, jammerte der Löwe. Da erwiderte der Bär, der seine Riesenkräfte bestens kannte: ›Und wenn die Funken aus seinen Nüstern spritzen, ich strecke es nieder und fresse es auf.‹ Also zogen die beiden zur Weide. Der Löwe sah das Pferd schon von Weitem, es graste friedlich vor sich hin. ›Da ist es!‹, flüsterte er voller Angst. Der Bär konnte nirgends ein furchterregendes Tier entdecken und schlug vor, noch näher heranzugehen. Doch der Löwe traute sich nicht und machte den Gegenvorschlag, den Bären hochzuheben, damit dieser besser sehen könne.«

»Fuchs, jetzt flunkerst du aber!«, schimpfte der Bär. »Ein Löwe, der einen riesigen Bären hochhebt, das gibt es doch gar nicht!«

»Oh doch, glaub mir«, beharrte der Fuchs und sprach weiter. »Auch wenn der Bär nun besser sehen konnte, so entdeckte er noch immer nichts

Besonderes. Also musste der Löwe den Bären *noch* ein Stück höher heben, doch leider …«

»Du und deine Lügengeschichten, dir glaube ich sowieso nichts«, wehrte der Bär ab, der genau merkte, dass der Fuchs ihn ärgern wollte.

»Das ist *dein* Pech, Bär, ich erzähle die fabelhafte Geschichte trotzdem zu Ende: Als der Löwe den Bären noch ein letztes Stückchen höher gestemmt hatte, war der Bär auf einmal tot.«

»Tot? Wieso das?«, fragte der Bär misstrauisch.

»Ist doch klar«, entgegnete der Fuchs. »Der Löwe war um so vieles stärker als der Bär, dass er ihn beim Hochheben leider zu fest angefasst und versehentlich zerquetscht hatte.«

»Du alter Plagegeist!«, brüllte der Bär, »warte nur, dass ich dich fasse!« Doch der Fuchs war schon geschickt beiseite gesprungen und versicherte lächelnd: »Was kann *ich* dafür, wenn sich die Geschichte nun einmal so ereignet hat. Dann muss ich sie auch so erzählen.«

»Du erzählst viel, wenn der Tag lang ist«, schimpfte der Bär. »Und nun pass gut auf, was *ich* dir erzähle: Ich lege mich schlafen und will keine einzige Geschichte mehr von dir hören, ob nun wahr oder nicht. Ruhe jetzt!«

Merkwürdigerweise fühlten der Fuchs und der Wolf nun plötzlich ebenfalls eine große Müdigkeit in ihren Gliedern, und so schmiegten auch sie sich friedlich ins Gras – ohne ein weiteres Wort und mit genügend Abstand zum Bären, dem Herrscher des Waldes.

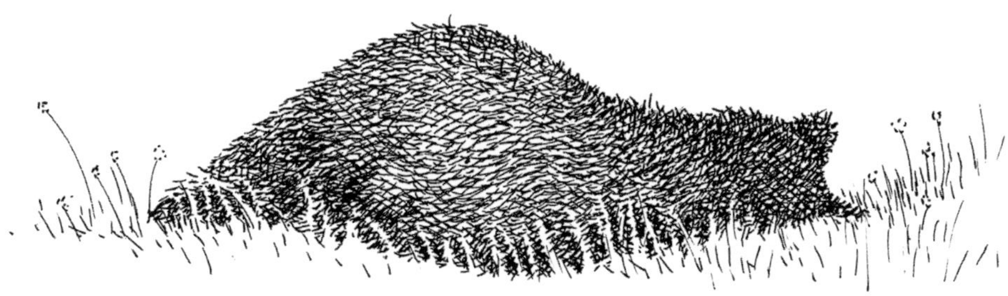

Der Wolf und die ungetauften Ferkel

Der Wolf war auf Beutefang und strich am Waldsaum entlang. Da sah er am Ufer des Flusses eine Muttersau mit ihren Ferkeln. Sogleich lief ihm die Spucke im Mund zusammen, und er konnte den saftigen Schweineschinken fast schon schmecken. Leise schlich er sich von hinten an die Schweine heran und bekam beinahe ein kleines zu fassen, als die Muttersau ihn bemerkte und kläglich quiekte:

»Oh starker Wolf, sei so gut und friss meine Kinder erst, wenn sie alle in diesem Fluss getauft sind! Und ein Abschiedslied musst du mich auch singen lassen.«

Eigentlich wollte der Wolf nicht länger warten, knurrte sein Magen doch laut und deutlich, aber er mochte der armen Mutter ihren letzten Wunsch nicht abschlagen und willigte ein:

»Dann tauf sie erst noch, aber zackig«, murrte er und setzte sich ins Gras, um der großen Taufe zuzuschauen.

Flink trieb die Muttersau ihre Kinder ins Wasser, hüpfte hinterher und schwamm mit ihnen durch den reißenden Fluss ans andere Ufer.

Verdattert blickte der Wolf, der nicht gern schwimmen wollte, der Schweinefamilie hinterher.

So hatte er aus reiner Dummheit eine große, köstliche Mahlzeit verspielt.

Von wo weht der Wind?

Eines Tages bekam der Bär beim Jagen ein Birkhuhn in seine Tatzen. Er ließ es noch am Leben und trug es, die Schwanzfedern zwischen seinen Zähnen, stolz durch den Wald. Da kam ihm der Fuchs entgegen, sah den Bären listig an und schmiedete flugs einen seiner Streiche.

»Guten Tag, alter Freund, könntest du mir vielleicht sagen, aus welcher Richtung heute der Wind weht?«, fragte er den Bären.

»Mm hmm-mm«, antwortete der Bär.

»Ich kann dich leider nicht verstehen«, bedauerte der Fuchs, »könntest du es bitte wiederholen?«

»Mm hmm-mm!«, brummte der Bär und hob den Kopf in die entsprechende Richtung.

»Ich verstehe dich noch immer nicht. Ostwind, meinst du?«

Der Bär wurde allmählich ärgerlich, selbst ein Dummkopf merkte doch, dass Nordwind wehte.

Doch der Fuchs fragte immer weiter: »Ah, aus Osten also, nicht wahr?«

Schließlich verlor der Bär die Geduld und brüllte aus voller Kehle:

»Aus Norden natürlich!«

Kaum hatte er den Mund aufgeklappt, flatterte das Birkhuhn in die Lüfte. Missmutig blickte der Bär ihm hinterher.

»Was musstest du mich auch nach der Windrichtung fragen«, grollte er, »jetzt ist das Birkhuhn weg.«

»Das ist allein deine Schuld, alter Kumpel. Du hast den Mund zu weit aufgemacht. Wenn du *mich* gefragt hättest, ich hätte klar und deutlich durch die Zähne gezischt: Aus Osten, ha, jawohl!«

Zufrieden tapste der Fuchs von dannen und ließ den Bären in seinem Verdruss allein.

Sehr unerquicklich, wenn einem ein saftiges Birkhuhn zwischen den Zähnen entwischte.

Der Eichelhäher und die geliehene Kleidung

Vor langer Zeit waren der Eichelhäher und der Kuckuck gute Freunde. Sie besuchten einander regelmäßig und lebten in nachbarschaftlichem Frieden.

Eines Tages kam der Eichelhäher beim Kuckuck vorbei und erzählte, er sei zu einer großen Hochzeit eingeladen. »Nur leider habe ich nichts, was ich bei einer solchen Gelegenheit tragen könnte. Du dagegen, mein werter Freund, bist immer prachtvoll gekleidet. Ob du mir etwas zum Anziehen leihen kannst?«

Der Kuckuck half seinem Freund gern. Und so kam es, dass der Eichelhäher bei der Hochzeit zufrieden herumstolzierte und von allen Gästen für seine neue Robe bewundert wurde. So sehr, dass der Eichelhäher die geliehene Kleidung nicht mehr zurückgeben wollte. Er behielt sie einfach an und zeigte sich nun täglich im neuen Gewand.

Vergeblich wartete der Kuckuck darauf, dass sein Freund ihm die Kleidung zurückbrächte. Irgendwann wurde es ihm zu dumm, und er stellte den Eichelhäher zur Rede.

Doch dieser behauptete dreist: »Mein lieber Kuckuck, dieses Federkleid war schon immer meins. Ein Vogel wie ich muss sich keine Kleidung leihen.«

Und so flattert der Eichelhäher bis heute in einem bunten Kleid umher, das einst dem Kuckuck gehörte. Der Kuckuck jedoch trägt bis heute den schlichten grauen Mantel des Eichelhähers.

Die Maus und der Frosch

Die Waldmaus baute sich ein behagliches Nest. Als sie mit ihrer Arbeit fertig war, musste sie feststellen, dass sie einen Frosch zum Nachbarn hatte. Doch mit der Zeit lernten die Maus und der Frosch sich kennen und wurden gute Freunde. Allerdings blieb es dabei nicht.

Als schlechte Zeiten anbrachen und im Wald und am Ufersaum nur wenig Nahrung zu finden war, zog der Hunger auch bei der Maus und dem Frosch ein. Sie sorgten sich, wie sie ihre Familien ernähren sollten. Mit knurrendem Magen sann die Maus darüber nach, ob der Frosch nicht vielleicht etwas Essbares für sie übrig hätte, und so besuchte sie ihn. Der Frosch fütterte gerade seine kleinen Kinder, und zum ersten Mal sah die Maus, dass es furchtbar viele waren. So viele, dass ein kleines Fröschlein mehr oder weniger eigentlich keinen Unterschied machte! *Einen* winzigen Frosch könnte die Maus doch verspeisen, oder nicht?

Der Frosch erriet die Gedanken der Maus und wurde böse.

»Was spazierst du hier ungebeten herein, Maus? Gib es zu, du willst alle meine Kinder fressen!«

»Oh nein, lieber Frosch«, widersprach die Maus, »das würde ich nie tun. Höchstens ein bisschen knabbern, und höchstens an einem einzigen.«

So etwas Dreistes! Erbost sprang der Frosch auf den Rücken der Maus, und sie stritten und prügelten sich fürchterlich. Und hatte der Frosch nicht recht? Wenn die Maus erst mal eines der Froschkinder verspeist hätte, würde sie auch vor den anderen nicht haltmachen.

Schließlich vertrugen die beiden sich wieder – um des lieben Friedens willen. Insgeheim aber schwelte der Ärger weiter, und die Maus beobachtete das Treiben des Frosches nun ganz genau.

»Wieso wohnst du eigentlich da unten im Wasser?«, stichelte sie eines Tages. »Hier oben auf dem Erdboden ist es doch viel schöner.«

Jetzt reichte es dem Frosch. Er beschloss, es der Maus heimzuzahlen:

»Da irrst du dich, Maus. Im Wasser lebt es sich am besten. Probiere es nur aus, dann merkst du es.«

Die Maus wurde neugierig. »Aber wie komme ich zu dir ins Wasser?«, fragte sie.

»Ganz einfach. Du bindest dir einen Faden ums Bein, und damit ziehe ich dich zu mir herab.«

Gesagt, getan. Mit einem kräftigen Faden an der Pfote setzte die Maus sich ans Ufer. Der Frosch hockte sich fröhlich neben sie und band sich das andere Ende des Fadens um den Schenkel. Sogleich hüpfte er ins Wasser und zog die Maus mit sich. Doch statt mit der Maus auf dem Wasser zu schwimmen, tauchte er in die Tiefe und brachte die Maus in große Not. Spritzend und strampelnd versuchte sie, über Wasser zu bleiben.

Das sah der scharfäugige Falke und stürzte herab. Mit einem einzigen Griff schnappte er sich die Maus und stieg mit ihr empor. Da der Frosch sich aber so gründlich mit der Maus verknotet hatte, wurde auch er in die Lüfte gehoben.

So kam es, dass die Rachlust des Frosches sie beide umbrachte – die Maus und ihn selbst.

Als der Hahn vom Waldhof Bier trank

Der Frühling zog ins Land, und wer in diesem Jahr wahrhaft sonderbar darauf reagierte, war der stolze Hahn vom Waldhof. Vorbei das kecke Recken des Halses, vorbei der kehlige Gesang. Mit geschlossenen Augen und auf einem Bein stehend verlor der Hahn sich in trübsinnigen Gedanken über alles und nichts. Schon bald kam er zu der Überzeugung, dass das Ende der Welt bevorstünde, jedoch erzählte er niemandem davon. Ganz allein trug er die schwere Bürde seiner traurigen Ahnung und wartete ab, wann losgehen würde, was sich nicht aufhalten ließ.

Seine Frau, die treue, tüchtige Henne, wachsam und wacker, beobachtete ihren Hahn mit großer Sorge.

»Was ist nur mit ihm los? Ich erkenne den munteren Meister unseres Hofes nicht wieder!«

Als sie ihn nach seinem Kummer fragte, bekam sie keine Antwort. Und als er nicht einmal mehr die einfachsten Aufgaben in Angriff nahm und seine Rolle als Anführer gänzlich vernachlässigte, wuchs die Sorge der Henne ins Unermessliche. So überlegte sie:

»Es muss sofort ein Ende haben. Ich werde ihm eine Medizin einflößen, damit er wieder der Alte wird, herzlich und heiter.«

Kaum hatte die Henne ihren Plan ersonnen, setzte sie ihn auch gleich in die Tat um. So war sie, die wackere Frau des Hahns. Eilig trippelte sie zum Speicher hinüber, wo sie Gerstenkörner bereithielt, und braute aus diesen ein köstliches Bier. Würzig und kräftig wurde es, dunkel und stärkend. Sie aromatisierte es mit Hopfen und setzte es ihrem Mann zum Trunk vor.

»Nimm, mein Guter, das wird deine Mattheit vertreiben und dich wieder froh und sangesstark machen.«

»Aber gern, liebe Frau. Ein großer Schluck für einen großen Hahn, das hat noch nie geschadet.«

Und so neigte der Hahn sein Haupt und trank. Und weil er sich nicht zu beherrschen wusste, soff er nach und nach den ganzen Holzbottich leer, den die Henne wohlmeinend vor ihn hingestellt hatte. Schnell war er betrunken und fand damit auch flugs seine Singstimme wieder. Er grölte und gackste, schritt stolz über den Hof und führte sich auf, als wäre er der mächtigste Mann der Welt. Seine Frau versuchte ihn zu bremsen, sie bettelte und bat, doch vergeblich – der Hahn trank auch den letzten Tropfen aus.

»Was ist nur in dich gefahren, alter Flegel«, schimpfte sie und riss ihm den Bottich aus den Flügeln, was jedoch zu spät war. Der Hahn tanzte und torkelte, hüpfte auf einem Bein und krähte sämtliche Hähne der Gegend zum Wettkampf herbei. Als er lange genug getobt hatte, fiel er um und schlief wie ein Stein. Doch damit war das Elend nicht zu Ende:

Das viele Bier schlug dem Hahn aufs Gedärm, und so besudelte er im Schlaf seine schicke Hose.

»Du meine Güte, jetzt aber flink zum Brunnen!«, rief die Henne, packte ihren schläfrigen Mann an den Federn und schleifte ihn quer über den Hof. Am Brunnen zog sie ihm die Hose aus und begann sie zu waschen, wobei sie laut über ihren Mann meckerte.

Der große, prächtige Hahn aber stand stumm daneben, starrte in die Lüfte und versuchte, nicht so genau hinzuhören.

Die Tiere fliehen vor dem Weltuntergang

Ein frühlingshafter Windstoß trieb ein Blatt vor sich her. Er schaukelte es lustig durch die Lüfte, warf es von da nach dort, ließ es kurz austrudeln und brachte es erneut in Schwung – bis er es zum Brunnen wehte, an dem gerade die Henne die Hose des Hahns sauberwusch. Das Blatt landete genau unter ihrem Schnabel, in der Tiefe des Brunnens. Die Henne hielt inne und schaute, was da wohl in den Brunnen gefallen sein mochte, konnte es aber nicht genau erkennen. Bekümmert ließ sie die Arbeit am Waschbrett ruhen, blickte in den Himmel und sann.

»Was das wohl eben war? Irgend so ein … Wirbeltrudel, und jetzt liegt er im Brunnen. Oder ob das nur ein loses Blatt gewesen ist?«

Da schreckte der Hahn aus seinen düsteren Gedanken auf: »Oho, ein Wirbeltrudel? Und er ist mitten im Brunnen gelandet? Nicht gut, nicht gut. Was das wohl bedeuten mag?«

Da zischte die Henne: »Dinge fallen nun mal in den Brunnen, das muss nicht gleich was zu bedeuten haben.«

Doch insgeheim war auch die Henne abergläubisch, und schon spürte sie eine merkwürdige Unruhe in ihrer gefiederten Brust. Besorgt sah sie zu ihrem Mann und erschrak über dessen finstere Miene.

»Du liebe Güte, Gockel, was glotzt du so trübe?«

Der Hahn stand wie angewurzelt da, schwieg bedeutungsvoll und starrte ins Leere. Schließlich sagte er:

»Das Ende der Welt naht. Der Wirbeltrudel zeigt es uns deutlich an. Frau, sieh genau hin, ob das Wasser wie eine Säule bis an den Rand steigt.«

Jetzt verlor die arme Henne den Kopf. Einen kurzen Augenblick lang meinte sie, eine steigende Wassersäule zu sehen, und sagte:

»Oh weh, lieber Hahn, du hast recht. Das Wasser steigt bis an den Rand. Dann steht das Ende der Welt jetzt wirklich bevor?«

»Ja. Und wahrscheinlich beginnt das Unheil genau hier. Sammle schnell unsere Sachen zusammen, Frau, und lass uns die Flucht antreten. Vielleicht können wir uns noch retten.«

Als der Hahn seine Frau vom Brunnen aufflattern und über den Hof hetzen sah, hätte er – trotz des ernsten Anlasses – am liebsten laut über ihren watscheligen Gang gelacht.

»Endlich kommt die Alte mal in Schwung«, frohlockte der Hahn, bereute seine Bosheit aber sogleich, stieß ein trauriges Krähen aus und dachte an all die Missetaten, die er im Laufe seines Lebens begangen hatte. Als seine

Frau mit einem kleinen Bündel wiederkam, war seine Laune im allertiefsten Keller, und er wollte nichts lieber, als sich vor dem Ende der Welt in Sicherheit zu bringen. Mit flinken Füßen, aber hängenden Schultern eilten der Hahn und die Henne in den Wald, der Hahn vorneweg, die Henne hinterher, auch wenn sie größte Mühe hatte, nicht von ihrem Mann abgehängt zu werden.

Als sie in ein dichtes Unterholz gelangten, trafen sie ein Haselhuhn, das beim Anblick des verängstigten Paares mit dünner Stimme fragte: »Wohin so eilig, liebe Nachbarn?«

»Wir fliehen vor dem Weltuntergang«, krähte der Hahn. »Ein Wirbeltrudel ist in unseren Brunnen gefallen und hat das Wasser hoch aufsteigen lassen, und das ist ja wohl das deutlichste Zeichen, dass es mit der Welt zu Ende geht. Komm doch mit, wir suchen einen Schlupfwinkel und retten uns!«

»Du lieber Himmel«, fiepste das Haselhuhn, »die große Zerstörung naht! Natürlich komme ich da mit.«

Und so schloss es sich dem Hahn und der Henne an. Zügig rannten die drei durch den Wald, und es dauerte nicht lange, da hatten sich ein Schneehuhn, ein Birkhuhn und ein Auerhahnpaar zu ihnen gesellt und rannten mit. Irgendwann stießen sie auf einen Hasen, der mit wippendem Puschelschwanz und flinken Pfoten zwischen den Bäumen umherhopste. Als er die ungewöhnliche Gruppe sah, fragte er verdutzt: »Nanu? Wohin des Wegs?«

»Ist doch klar, wir fliehen vor dem Weltuntergang«, antwortete der Hahn. »Der Waldgeist persönlich ist in den Brunnen gefallen, und sogleich ist das Wasser mächtig in die Höhe geschossen, und da weiß man ja: Das heißt nichts anderes, als dass bald Schluss ist mit der Welt!«

Der Hahn hatte sich nämlich kurzerhand überlegt, dass der Wirbeltrudel nichts anderes gewesen sein konnte als der Waldgeist, und verbreitete dies nun als feste Gewissheit. Kein Wunder, dass der Hase sich mit wehenden Ohren der Gruppe anschloss. Sie waren erst ein kleines Stück vorangekommen, als sie alle wie angewurzelt stehen blieben, denn vor ihnen saß ein Fuchs. Scheu schauten sie zu ihm hinüber – wussten sie doch, dass er stets zu üblen Streichen aufgelegt war, weshalb man am besten nur wenig mit ihm zu tun hatte. Der Fuchs jedoch bemerkte sofort, dass etwas Besonderes vor sich ging, und fragte mit schmeichelnder Stimme:

»Gute, wachsame Nachbarn, ehrenwerte Mitglieder unserer Waldgemeinschaft, wo wollt ihr hin?«

Der Hahn versuchte erhaben zu klingen und sagte: »Wir fliehen vor dem Weltuntergang. Vorhin ist ein Blatt durch die Luft geweht, dann ein

Wirbeltrudel im Brunnen gelandet und das Brunnenwasser wie eine Fontäne in die Luft geschossen, und als dann schließlich noch der Waldgeist persönlich ins Wasser plumpste, war klar: Die Welt geht unter. Also haben die Henne und ich die Flucht angetreten, und unterwegs haben sich uns all diese freundlichen Nachbarn angeschlossen.«

Ha, das wird eine lustige Flucht, dachte der Fuchs bei sich, aber laut sagte er etwas anderes:

»Auch ich würde mich gern anschließen. Doch sagt, wohin genau führt euch euer Weg?« Bei dieser Frage tat der Fuchs anteilnehmend und besorgt.

Der Hahn und die Henne sahen sich betölpelt an. Darüber hatten sie noch gar nicht nachgedacht.

»Das Ziel wissen wir nicht, erst einmal wollten wir zügig vorankommen«, erklärten sie und versuchten, ihre Verlegenheit zu überspielen.

»Aber *ich* weiß ein Ziel«, sagte der Fuchs. »Ein Stückchen weiter im Wald liegt eine verlassene Hütte. Dort können wir uns verkriechen und in aller Ruhe den Weltuntergang abwarten.«

Und so zog die bunte Truppe weiter, nun jedoch nicht mehr mit dem Hahn, sondern dem Fuchs als Anführer. Als sie ein gutes Stück gelaufen waren, kam ihnen der Wolf entgegen. Mürrisch fragte er den Fuchs, was dieser für eine merkwürdige Gruppe anführte.

»Sei gegrüßt, alter Freund! Wir fliehen vor dem Weltuntergang«, antwortete der Fuchs, »und auch du tust gut daran, dich meiner Gruppe anzuschließen. Es sei denn, du möchtest, dass von dir nur der Geruch von verbranntem Fell übrig bleibt.«

»Donnerschreck!«, japste der Wolf. »Woher weißt du, dass die Welt untergeht?«

»Woher ich das weiß? Ganz einfach, die Geschichte ist doch allgemein bekannt!«, sagte der Fuchs herablassend. »Der Hahn und die Henne hockten am Brunnen, als das Zeichen kam. Aber Augenblick mal, was habt ihr beide da eigentlich am Brunnen gemacht?« Der Fuchs sah den Hahn und die Henne listig an.

Der Hahn wurde rot und wollte seine Frau noch am Flügel zupfen, doch die gab bereits ehrlich Auskunft:

»Was wir da gemacht haben? Ich musste die besudelte Hose meines Mannes waschen.«

Alle kicherten, nur der Fuchs tat, als sei das ganz normal, und redete weiter:

»Aha. Also, mein lieber Wolf, als die Henne am Brunnen stand und die besudelte Hose des Hahns wusch, da ... – Augenblick mal, *warum* war die Hose überhaupt besudelt?«

Wieder wollte der Hahn seine Frau am Flügel zupfen und sie zurückhalten, doch die antwortete wahrheitsgemäß:

»Na, weil der Alte zu tief in den Bierbottich geblickt, das letzte bisschen Verstand und dann auch die Kontrolle verloren hat!«

Jetzt lachten die Tiere laut durcheinander, und der Hahn neigte sich zu seiner Frau und krächzte, dass man dem Fuchs doch bitte nicht alles verraten müsse.

Der Fuchs sprach unbeirrt weiter:

»Als also die Henne die vom Hahn besudelte Hose wusch, ertönte ein lauter Donner, und die beiden blickten auf. Da trudelte ein wilder Kreisel in den Brunnen, und ihm hinterher plumpste sogleich noch der Waldgeist, und schon schoss das Wasser wie eine Fontäne in die Luft. Da wusste der Hahn natürlich, dass nun bald passieren würde, was er seit Ewigkeiten hat kommen sehen.«

Der Fuchs machte eine bedeutungsvolle Pause und rief dann mit drohender Stimme: »Freunde, das Ende der Welt naht! Und es wird sein wie der allerschlimmste Wirbelsturm. Lasst uns schnell weiterlaufen und dankbar sein für unsere flinken Beine! Auf, auf, in die leere Hütte.«

Der Hahn wackelte verdutzt mit seinem Kamm und dachte: »Sieh an, der Fuchs erzählt die Geschichte besser als ich.«

Der Wolf hatte nun noch mehr Angst als zuvor: »Lieber Fuchs, ich bitte dich, nimm mich in die Gruppe auf. Und stehe uns auch in der Hütte mit deinem klugen Ratschlag bei. Womöglich gelangt der Weltuntergang sogar bis dorthin.«

»Abgemacht, Wolf, du bist aufgenommen. Los, Freunde, weiter geht's.«

Und so setzten sie ihren Weg fort, vorneweg der Fuchs, als Nächstes der Wolf, und hintendrein der ganze Rest. Nach einer Weile kamen sie in ein dichtes Tannengestrüpp und stießen auf den Bären. Alle erschraken, besonders der Fuchs, der den Bären schon oft an der Nase herumgeführt hatte. Doch der Bär schien sich um Vergangenes nicht zu scheren und fragte freundlich, wohin die Reise ginge und warum die Tiere so verängstigt dreinschauten. Der Fuchs kam sogleich wieder in Fahrt und machte die Geschichte dieses Mal *noch* schrecklicher und größer. Derart eindrucksvoll beschrieb er den nahenden Weltuntergang, dass er selbst über sein Talent staunte; er war wohl der beste Geschichtenerzähler weit und breit.

»Heiliger Strohsack«, brummte der Bär und stand sofort auf – bis eben hatte er auf einem weichen Moospolster geruht. Der Fuchs gab noch ein paar anschauliche Beispiele, wie man sich das Grauen auszumalen habe, schon stellten sich dem Bären die Haare auf – selbst die am Hinterteil. Mit bangem Gesicht fragte er, ob man sich nicht beeilen müsse, die Hütte zu erreichen, und schloss sich prompt der Gruppe an.

Nun ging es im Laufschritt weiter, vorne der Fuchs, als Nächstes der Bär, dahinter der Wolf, und schließlich die Kleineren.

Nach einer Weile erreichten sie einen Sumpf, der vor lauter Moosbeeren rot leuchtete. Welch Glück, dass noch niemand sie gesammelt hatte. Der Fuchs blieb stehen und fragte: »Werte Freunde, was essen wir eigentlich, wenn wir in der Hütte angekommen sind und auf den Weltuntergang warten?«

Da waren alle baff. In der allgemeinen Unruhe hatte niemand an Proviant gedacht. Der Fuchs schlug vor, Körbe aus Birkenrinde zu flechten und die üppige Ernte einzusammeln. Das taten sie dann auch. Als die

Körbchen voll waren, setzten sie ihren Weg fort und erreichten endlich die verlassene Hütte. Dort ruhten die Tiere sich von der langen Wanderung aus.

»Allmählich könnte der Weltuntergang ja kommen«, knurrte der Wolf.

»Aber wirklich!«, stimmte der Fuchs zu und warf einen vielsagenden Blick zum Hahn, der auf dem Stützbalken unter der Decke saß, mit der Henne plauderte und tat, als würde er den Fuchs nicht bemerken. Auch die anderen Vögel hatten sich auf die Deckenbalken gehockt – von dort würden sie schnell wegfliegen können, wenn der Weltuntergang begann.

Der Abend verging mit einem köstlichen Moosbeerenschmaus, und schließlich war es Schlafenszeit. Bis auf den Bären hatten alle ihre Portion gegessen. Warnend brummte der Bär: »Wehe, es geht heimlich jemand an mein Beerenkörbchen! Es sei denn, er will beim Aufwachen eine Portion Prügel kriegen.«

»Wer würde denn dich, lieber Bär, bestehlen!«, beschwichtigte der Fuchs. »Sofern der Weltuntergang heute Nacht nicht kommt, steht dein Körbchen morgen früh unangetastet neben dir.«

Wenig später erfüllte ein so lautes Schnarchen die Hütte, dass die Balken bebten. Der Fuchs wartete noch eine Weile ab, dann schlich er zum Korb des Bären und aß die Portion auf. Die letzte Moosbeere setzte er dem schlafenden Wolf aufs Maul. Satt und zufrieden legte auch er sich schlafen.

Am Morgen wachte der Bär als Erster auf und sah sofort, dass sein Körbchen leer war. Er stellte sich mitten in die Hütte, richtete sich zu ganzer Größe auf und brüllte so laut, dass alle erwachten und eine Riesenangst bekamen. Nur der Fuchs blieb seelenruhig, strich freundlich um den Bären herum und zeigte mit der Pfote auf den Wolf und sein Maul. Der Wolf wusste nicht, was gespielt wurde, und schaute mit müden Augen und schlaffem Gesicht vom Fuchs zum Bären.

»Sieh nur, Bär«, sagte der Fuchs, »der Wolf hat die letzte Moosbeere noch im Mundwinkel.«

Das sah nun auch der Bär und wollte dem Wolf sogleich an den Kragen. Doch ehe er sich auf ihn stürzen konnte, war der Wolf wie ein Pfeil aus der Hütte geschossen und in den Wald geflüchtet. Aufgebracht blickte der Bär sich um, überlegte einen Augenblick und fragte schließlich den Anführer des Ganzen:

»Hör mal, guter Fuchs, wo bleibt eigentlich dein berühmter Weltuntergang? Wer hat sich den ganzen Unfug überhaupt ausgedacht?« Er knurrte drohend und näherte sich dem Fuchs mit wütenden Schritten. Der Fuchs bewegte sich unauffällig Richtung Tür, um jederzeit flüchten zu können, und sagte beschwichtigend:

»Aber lieber Bär, das war nicht ich, sondern der Hahn!«

»So, so, der Hahn!«, brummte der Bär und reckte sich nun Richtung Dachbalken, woraufhin auch der Hahn rasch zur Tür spähte.

»Oh nein, das war nicht ich, sondern die Henne«, sagte der Hahn und schob die Schuld weiter. »*Sie* hat den Wirbeltrudel in den Brunnen fallen sehen!«

»Die Henne also!«, schimpfte der Bär und reckte sich nun in ihre Richtung.

Da brach ein großes Durcheinander aus. Alle rannten und flatterten von hier nach dort und wollten sich in Sicherheit bringen. Laut gackernd fanden der Hahn und die Henne zur Tür und flogen ins Freie, gefolgt vom Schneehuhn. Das Auerhahnpaar krähte wild drauflos und flatterte mit gespreiztem Gefieder ins Freie. Auch der Fuchs war schnell draußen, ebenso der kleine Hase, der noch verwirrt zwei Runden um die Hütte hoppelte, ehe er zwischen den Nadelbäumen verschwand. Auch das Birkhuhn und das Haselhuhn waren schlau genug, die Flucht anzutreten, und schließlich stand der Bär allein in der Hütte. Nachdenklich kratzte er sich am Kopf und sagte: »Das war's dann wohl mit dem Weltuntergang.«

Das galt allerdings nicht für die Henne! Kaum hatten sie genug Abstand zum Bären und der Hütte, ging die Henne auf den Hahn los und ließ eine wahre Schimpfkanonade ab: »Du verdorbener Nichtsnutz! Erst besäufst du dich bis zur Besinnungslosigkeit, dann prophezeist du den Weltuntergang, und schließlich schiebst du die Schuld für alles *mir* zu!« Sie packte ihren Hahn kurzerhand beim Kamm und schleifte ihn wütend bis nach Hause. Dort stieß sie ihn in den Hühnerstall und schubste ihn in die Ecke aufs Stroh. Sollte er nur in sich gehen und über seinen albernen Größenwahn nachdenken.

Der Rabe und der Käse

Die Bäuerin vom Waldhof hatte einen leckeren Käse zubereitet und brachte ihn zum Trocknen nach draußen, wo sie ihn an der Hausecke auf ein Brett legte. Das sah der Rabe, der gerade vorüberflog, und krächzte listig: »Fleißige Frau, lege lieber die Handsense auf den köstlichen Käse, nachher schnappt ihn dir die Krähe weg!«

Die Bäuerin fand das einen guten Rat, und schon ging sie die Sense holen. Derweil nahm der Rabe den Käse an sich und flog damit zu einer dichten Fichte, auf deren Spitze er sich niederließ.

Der Fuchs hatte den Raubflug des Raben beobachtet und war flink zu jener Fichte gelaufen. Als er sich an den Stamm setzte, bemerkte er, dass der Rabe ihn misstrauisch beäugte. Der Fuchs tat, als würde ihm das nicht weiter auffallen, und bewunderte stattdessen lautstark den hohen Baum und den edlen Vogel. Wie zu sich selbst sprach er:

»Der Rabe ist doch ein prachtvolles Geschöpf. Genauso schön wie der hohe Himmel selbst, oder der edle Pfau.«

Geschmeichelt plusterte der Rabe sich auf und fühlte sich ganz selbstverliebt. Bis der Fuchs mit bedauernder Stimme hinzufügte: »Nur schade, dass er nicht singen kann. Sein kümmerliches Krächzen ist sogar übler als des Bären bösestes Brummen.«

Das wiederum ärgerte den Raben, doch der hinterhältige Fuchs redete einfach weiter: »Wenn ich wüsste, dass du da oben eine Ausnahme bist und singen kannst, dann würde ich dich noch in dieser Minute zum Kantor des gesamten Waldes ernennen! Aber was wirst *du* schon können!«

»Oh, natürlich kann ich singen, krächz-krächz!«, rief der Rabe, und schon war der Käse aus seinem Schnabel gefallen – und dem lauernden Fuchs in den hungrigen Rachen geplumpst.

Beschämt über seine Dummheit blieb der Rabe starr im Baum sitzen. Der Fuchs schlang gierig den Käse hinunter und trottete zufrieden weiter.

Der Schwur der Krähe

Die Krähe hüpfte am Ufer umher und suchte im Schlamm nach Nahrung. Sie suchte noch nicht lange, als direkt vor ihrem Schnabel ein Frosch aus einem Matschloch gehüpft kam und flink ins tiefere Wasser tauchte.

Sofort war die Krähe hellwach. Sie stellte sich vor den Frosch, neigte den Kopf und versuchte, wohlwollend und freundlich auszusehen. Der Frosch glotzte sie durch eine dünne Wasserschicht hindurch an.

»Lieber Freund«, schmeichelte die Krähe, »verlasse das Wasser und komm zu mir ans Land.«

Der Frosch war misstrauisch und quakte: »Besser nicht, du frisst mich doch nur auf.«

»Oh nein, komm heraus, und du wirst sehen. Du bist eine solche Schönheit, da sollst du dich nicht im schlammigen Wasser verstecken. Du gehörst ans Land!«

»Ich bleibe hier«, quakte der Frosch ängstlich. »Jetzt tust du noch nett, aber später frisst du mich auf.«

Die Krähe versuchte es ein drittes Mal und schmeichelte mit all ihrer Kraft: »Komm nur, komm, mein kleiner hübscher Schatz.«

Doch das Misstrauen des Frosches blieb.

Da bot die Krähe ihre letzten Überredungskünste auf:

»Komm heraus, und ich schwöre dir, ich werde dich nicht anrühren.«

Noch immer war der Frosch nicht überzeugt. Nur seinen Kopf streckte er aus dem Wasser und verlangte: »Gut, dann schwöre.«

Und so schwor die Krähe:

»Krah, krah, ich fresse dich nicht!
Soll mein Schnabel bersten und mein Darm platzen,
wenn ich es tu!«

Da kletterte der Frosch vorsichtig an Land – und wurde sofort geschnappt. Ehe er im Rachen der Krähe verschwand, quakte er kläglich: »Was nützt der Schwur, was nützt der Schwur?«

Als die Krähe den Frosch heruntergeschluckt hatte, flog sie hässlich lachend davon und rief: »Er nützt dem Magen, er nützt dem Magen!«

Seitdem werden falsche Schwüre manchmal auch Krähenschwüre genannt.

Die Elster und der Fuchs, der Skier haben wollte

In einem hübschen Nest hoch im Baum lebte eine Elster mit ihren Kindern und war sehr zufrieden. Sie redete und sang mit ihrem Nachwuchs und wippte mit dem Schwanz. Eines Tages schlich der Fuchs unter ihrem Nest entlang und hörte ihren knatternden Ruf. Sogleich fasste er einen Plan. Mit unschuldiger Miene ging er zwischen den benachbarten Nadelbäumen umher und sah sich prüfend um. Kritisch begutachtete er sie von der Wurzel bis zum Wipfel und machte schließlich am Baum der Elster Halt. Auch dort ließ er den Blick einmal den langen Stamm entlanggleiten, sagte jedoch kein Wort.

Die Elster schaute über den Nestrand und wunderte sich sehr über das Treiben des Fuchses. »He, du da unten, was glotzt du so? Hast du noch nie einen Baum gesehen?«, fragte sie.

Der Fuchs tat, als würde er die Elster nicht hören, und betrachtete weiter den Stamm ihres Nestbaums. Schließlich gab er ein zufriedenes Knurren von sich und sagte:

»Ein großartig gewachsener Baum. Der gibt allerbestes Holz für Skier. Es hilft nichts, ich muss ihn fällen.«

Als die Elster das vernahm, bekam sie Angst und bettelte:

»Oh nein, lieber Fuchs, bitte fälle ihn nicht. In meinem Nest sitzen fünf kleine Jungen! Wenn du den Baum fällst, ist es mit ihnen vorbei.«

Der Fuchs, dieser Fiesling, gab zunächst nur ein gereiztes Brummen von sich und setzte sich trotzig neben den Stamm. Noch einmal bewunderte er dessen geraden Wuchs. Schließlich zuckte er die Schultern und sagte mit versöhnlicher Stimme:

»Na gut. Wenn du mir eins von deinen Kindern überlässt, lasse ich den Baum stehen.«

In dem Wissen, mit dem einen Kind die restlichen vier zu retten, opferte die Elster eins ihrer Vögelchen, doch ihr Herz war schwer. Der Fuchs

dagegen leckte sich munter die Lippen und tapste wenig später gesättigt davon. Um den klagenden Ruf der Elster scherte er sich nicht.

Am nächsten Morgen war der Magen des Fuchses wieder leer. Als er überlegte, wo er eine Frühstücksportion herbekäme, fiel ihm sogleich die Elster ein, und er lief zu ihrem Baum. Die Elster wachte gerade auf und blickte aus ihrem Nest – und das Erste, was sie sah, war der Fuchs, der erneut den prachtvoll gewachsenen Stamm musterte. Sie ahnte Böses und fühlte einen tiefen Stich in ihrem Herzen.

»Fuchs«, rief sie, »was schaust du meinen Baum so an?«

»Einen besseren Stamm für Ski-Holz kann ich nicht finden. Elster, ich muss ihn leider fällen.«

Die Vogelmutter klagte und flehte, und schließlich bot der Fuchs wieder an, den Baum gegen eines ihrer Jungen stehen zu lassen.

Kaum hatte er das Vögelchen verputzt, lief er mit heiserem Lachen davon.

Das Unglück der Elster war groß. So laut weinte sie in ihrem Nest, dass die Krähe ihren Schmerz hörte und dachte: »Da muss etwas Schlimmes passiert sein.«

Auf direktem Weg flog sie zur Elster, sah die geschrumpfte Kinderschar und fragte: »Wo sind deine Jungen hin?«

Als die Elster schluchzend erzählte, was geschehen war, wurde die Krähe böse: »Du Transuse, warum denkst du nicht nach? Der Fuchs besitzt weder Säge noch Axt, wie soll er da auch nur einen einzigen Baum fällen? Etwa mit den Zähnen?«

Da erkannte die Elster ihre Dummheit und dankte der Krähe – ab sofort wäre sie schlauer.

Gleich am nächsten Morgen sah sie den Fuchs erneut unter ihrem Nest entlangschleichen. Wieder mimte er den großen Begutachter der Bäume, wieder setzte er sich direkt an ihren Stamm. Als die Elster sich bemerkbar machte, sagte der Fuchs ohne Umschweife:

»Ich habe noch immer keinen besseren Baum gefunden, und ich brauche dringend neue Skier. Leider muss ich euer Zuhause jetzt fällen. Es sei denn, du wirfst mir noch eins von deinen Kindern herab.«

Die Elster tat erst, als sei sie todunglücklich, und flehte um Gnade.

»Was geht mich dein Geheule an?«, wehrte der Fuchs ab und bestand ungeduldig auf einem weiteren Vögelchen.

Da brach die Elster in schallendes Gelächter aus und rief: »Womit willst du meinen Baum überhaupt fällen? Du hast weder Axt noch Säge! Oder knabberst du ihn etwa mit den Zähnen durch?«

Der Fuchs erschrak über die plötzliche Schläue der Elster und wurde rot. Dass er sich schämen musste, kam höchst selten vor, und so zog er mit schnellen Schritten und eingezogenem Schwanz hinfort.

Die Geschichte des Schwarzspechts

Der Schwarzspecht saß klagend auf dem Ast einer Tanne. Er jammerte und weinte und sang laut in den Wald:

»Kooommt, meine Kühe, kooommt! Muurikki, Maarikki, kommt alle her! Zum Melken, zum Melken!«

Da wollten die Tiere von ihm wissen: »Was rufst du so laut und weinst immerzu nach den Kühen? Du bist doch keine Bäuerin!«

Der Schwarzspecht widersprach: »Doch, das bin ich. Früher war ich eine feine Bäuerin auf einem wohlhabenden Hof. Ich bin stolz umhergegangen und habe jeden Tag schwarze Seide und ein leuchtend rotes Kopftuch getragen. Auch sonntags habe ich das rote Kopftuch hergezeigt und fein gekleidet die Kühe in den Stall geholt. Eines Tages, es war gerade Backtag, trat ein Junge in meine Stube und bat mich scheu um ein kleines Teigstück, winzig wie ein Birkenblatt, fein wie ein Vergissmeinnicht. Also gut, dachte ich, habe ihm ein Küchlein geformt und es ihm gegeben. Er legte es in den Ofen und sagte: ›Wachse, wachse, Wunderkuchen! Gott lässt mein Gebäck gedeih'n.‹ Und das Küchlein wurde so groß, dass es kaum noch aus dem Ofen zu bekommen war. Da packte mich die Gier, und statt dem Jungen sein Gebäck zu geben, behielt ich es für mich selbst. Der Junge bat schüchtern um ein neues Teigstück, dieses Mal ein noch kleineres. Ich gab ihm eins, doch auch das wuchs im Ofen so gewaltig heran, dass es kaum herauspasste. Noch größer als das erste wurde es! Aus Gier behielt ich auch diesen Kuchen. Nun bat der Junge mich ein drittes Mal, aber ich behauptete barsch, dass ich nach den Kühen schauen müsste. Da war es zu Ende mit der Geduld des Jungen, der in Wahrheit der Schöpfer persönlich war, und er sagte nur: ›Na gut, dann geh.‹ Schon wurde ich in einen Vogel verwandelt, musste durch den Schornstein hinaufflattern und ab sofort für immer nach den Kühen rufen. Mein rotes Kopftuch verwandelte sich in den roten Fleck auf meinem Kopf, und die schwarze Seide wurde zu meinem schwarzen Federkleid.«

Krächzend und klagend flatterte der Schwarzspecht weiter, erfüllte seine ewige Aufgabe und rief wie eine Bäuerin: »Kooommt, meine Kühe, Tiirikki, Maarikki, kooommt! Muurikki und auch Kestikki mit der Glocke, kooommt! Zum Melken, zum Melken.«

Der Fuchs und der Krebs

Der Fuchs lag am Flussufer und schaute träge umher. Da entdeckte er am Grund des Flusses einen Krebs. Der Krebs krabbelte langsam das Flussbett entlang und zeigte dabei mit dem Hinterteil nach vorn. Darüber musste der Fuchs, der das einen seltsamen Anblick fand, lauthals lachen. Der Krebs kam nach oben getaucht, reckte den Kopf über Wasser und fragte:

»Was lachst du so, Fuchs?«

»Ich lache über dich. So lahm, wie du vorankommst! Und das auch noch falsch herum«, sagte der Fuchs.

Gleich neben dem Fluss befand sich ein steiler Hang. Der Krebs sagte:

»Das sieht nur langsam aus. Wetten, dass ich eher oben auf dem Hang bin als du?«

»Die Wette schlage ich nicht aus«, sagte der Fuchs und grinste.

»Gut, dann gilt es!«, erwiderte der Krebs entschlossen und kam an Land.

Die beiden setzten sich nebeneinander. Der Krebs rückte ein wenig nach hinten, saß nun neben dem Schwanz des Fuchses und sagte: »Obwohl ich sogar ein Stück hinter dir sitze, werde ich gewinnen.«

»Das werden wir ja sehen«, erwiderte der Fuchs.

»Ein, zwei, drei und hopp!«, rief der Krebs, und der Fuchs sprintete los. Im letzten Moment war der Krebs auf den Schwanz des Fuchses gehüpft und hielt sich dort mit seinen Scheren fest. Schon fast auf der Kuppe des Hügels angekommen, drehte der Fuchs sich um und wollte sehen, wo der Krebs blieb. Doch der Krebs war nirgends zu sehen.

»Wo bist du, lieber kleiner Krebs?«, rief der Fuchs, blieb stehen und drehte und wendete sich nach allen Seiten. Genau im richtigen Augenblick ließ der Krebs los und flog mit Schwung bis auf die Hügelkuppe.

»Hier oben, und ich warte schon lange auf dich!«, rief der Krebs.

So hatte er die Wette gewonnen. Der Fuchs verstand die Welt nicht mehr und überlegte noch lange, wie ein kleiner Krebs schneller sein konnte als er selbst. Er wusste bis heute keine Antwort.

Der Bär und die Ameise

Bei einem Streifzug durch den Wald stieß der Bär auf eine Ameise. Mitleidig betrachtete er das winzige Wesen und wunderte sich über dessen mühsames Treiben am Fuß einer hohen Kiefer.

»Was bist du nur klein und unbedeutend! Schau nur, wie groß und stark *ich* bin!«, grölte er.

Die Prahlerei des Bären beeindruckte die Ameise keineswegs. Sie streifte ihn mit einem flüchtigen Blick und sagte: »Du magst um ein Vielfaches größer sein als ich, und vielleicht bist du auch ziemlich stark, aber so stark wie ich bist du noch lange nicht.«

Diese Behauptung amüsierte den Bären, und er lachte laut los. Er konnte gar nicht aufhören zu lachen, und so wartete die Ameise höflich, bis der Bär sich beruhigt hatte.

»Wir können einen Wettkampf veranstalten«, schlug sie vor. »Wir suchen uns beide einen Stein, der so groß ist wie wir selbst, nehmen ihn ins Maul, klettern auf die Kiefer und schleppen den Stein bis oben in den Wipfel.«

»Na, das ist mal ein Wettkampf«, brummte der Bär, willigte aber ein.

Die Ameise hob mit dem Mund einen Stein auf, der so groß war wie sie, und trug ihn wacker bis oben in die Kiefer. Dort hielt sie den Stein mit den Händen fest und rief: »Ich habe es geschafft!« Und sogleich kam sie wieder nach unten gekrabbelt – auch dieses Mal mit dem Stein im Mund.

Der Bär hatte seinerseits einen Stein gefunden, der so groß war wie er, und versuchte immer wieder, ihn in den Mund zu nehmen. Doch vergeblich, es klappte einfach nicht, von der Klettertour nach oben in die Baumspitze ganz zu schweigen. Es half nichts – der Bär musste zugeben, den Wettkampf verloren zu haben. Das machte ihn allerdings so wütend, dass er die Ameise schnappte und sie fraß.

Seit diesem Tag fressen Bären Ameisen.

Der Kater und die Glocke

Auf dem Waldhof wohnte ein stattlicher Kater, dessen Lieblingsbeschäftigung das Mäusejagen war. Die Mäuse hatten große Angst vor ihm. Sie trauten sich nicht mehr aus ihren Löchern und wagten kaum zu atmen. Schließlich hatten sie genug von der ständigen Furcht und beschlossen, eine Versammlung abzuhalten. Wie könnten sie sich vor dem Kater schützen? Ein Plan musste her!

Eine besonders kluge Maus schlug vor, sie sollten eine Glocke kaufen und sie dem Kater um den Hals binden. So würden sie stets hören, wo der Kater entlangging, und könnten ihm fernbleiben. Der Vorschlag wurde einstimmig angenommen, und flugs legten die Mäuse etwas Geld zusammen und erwarben eine Glocke. Als es aber daran ging, dem Kater die Glocke umzubinden, fand sich nicht eine Mäuseseele, die das wagte. Die Mäuse gerieten in einen üblen Streit und beschuldigten sich gegenseitig, das Geld zum Fenster hinausgeworfen zu haben und nun eine Glocke ohne Nutzen zu besitzen.

Diesen Streit hörte der gute Waldgeist – und kaufte den Mäusen die Glocke kurzerhand ab. Die Mäuse verschwanden verlegen in ihren Löchern und fürchteten sich weiter vor dem Kater.

Der gute Waldgeist aber schmiedete nach dem Vorbild der Glocke weitere schöne Glöckchen und streute sie überall auf die Blumenwiesen. Seitdem blühen im Sommer herrliche blaue und weiße Glockenblumen.

Wie der Fuchs dem Wolf einen bunten Pelz besorgen sollte

Als der Fuchs wieder einmal durch die Gegend strich, entdeckte er zufällig die Höhle des Wolfes. Der Wolf war sogar zu Hause. Er versorgte gerade seine Jungen und freute sich rein gar nicht über den Besuch des Fuchses.

»Was hast du hier zu suchen?«, fragte er den ungebetenen Gast und fürchtete, der Fuchs könnte ihm wieder einen seiner bösen Streiche spielen.

Doch der Fuchs ließ sich von der unfreundlichen Begrüßung nicht abschrecken und kam sogar näher; dreist schnüffelte er herum. Da riss dem Wolf der Geduldsfaden. Wütend ging er auf den Fuchs los und warf ihn zu Boden. Der Fuchs flehte um Gnade:

»Lass mich frei, oh Wolf! Ich verspreche, dir einen tollen Trick beizubringen!«

Schon erwachte die Neugier des Wolfes.

»Und welchen?«, fragte er.

In diesem Augenblick flog eine Meise über die beiden hinweg, woraufhin der Fuchs schnell sagte:

»Ich bringe dir bei, dich wie ein Vogel zu bewegen! Glaub mir, du wirst von Ast zu Ast fliegen.«

Das wollte der Wolf nur zu gern lernen, und so ließ er den Fuchs frei. Sogleich trotteten die beiden zu dem Ort, an dem der Fuchs dem Wolf das Fliegen beibringen wollte. Unterwegs schauten sie einem Specht beim Hämmern zu, und der Fuchs erwähnte wie nebenbei: »Ach ja, der Specht. *Ich* war es übrigens, der ihm zu seinem bunten Federkleid verhalf, damals, in jungen Jahren.«

»Du bist für sein prächtiges Federkleid verantwortlich?«, staunte der Wolf.

Der Fuchs nickte und tat, als wäre das eine Kleinigkeit. Der Wolf fand das Kleid des Spechtes wunderschön und seufzte: »Ich hätte auch gern ein

paar andere Farben in meinem grauen Pelz. Könntest du, werter Fuchs, nicht auch mich ein wenig bunter machen, wenn du schon so große Zauberkräfte besitzt?«

»Warum nicht? Wir wollen mal sehen.«

Als sie an einem dicht beladenen Heubock vorbeikamen, sagte der Fuchs zum Wolf: »Dort musst du hinaufklettern. Ganz nach oben, ins trockene Heu. Und dich bis zu den Ohren drin vergraben.«

Der Wolf tat, wie der Fuchs geheißen. Der Fuchs aber kroch unter das Trockengestell und schlug zwei Feuersteine aneinander, immer wieder. Der Wolf wurde unruhig und fragte:

»Was ist das für ein komischen Klackern?«

»Ach, das sind nur ein paar junge Mäuse, die hier unten spielen und balgen.«

Nur wenige Sekunden, schon begann das Heu zu brennen. Natürlich drang das Knistern der Flammen auch an das Ohr des Wolfes.

»Was prasselt da so?«, fragte er besorgt.

»Ach, wieder nur die Mäuse, die wild umhertollen«, erwiderte der Fuchs beruhigend.

»Jetzt steigt sogar Rauch auf! Ich glaube, ich sollte schnell hinunterspringen, sonst ersticke ich am Ende!«, rief der Wolf.

»Oh nein, du bleibst oben, werter Wolf, sonst klappt es mit dem Farbwechsel nicht«, mahnte der Fuchs.

Der Wolf gehorchte und hielt aus, bis die Flammen oben an der Spitze des Heubocks leckten.

»Wie elend heiß mir wird! Wie soll ich das nur ertragen?«, jammerte der Wolf.

»Das schaffst du schon«, versicherte der Fuchs. »Je länger du ausharrst, umso schöner ist nachher dein Pelz!«

Doch der Wolf ertrug die Hitze nicht länger und sprang vom Heuhaufen herab.

»Ah, sieh an«, lobte der Fuchs, »nun bist du mindestens so schön wie der Specht! Hübsche dunkle Striche hast du im Gesicht.«

Der Wolf jaulte laut auf, denn sein Fell war versengt, und sein ganzer Leib kribbelte vor Hitze. Erbost ging er auf den Fuchs los, doch der wusste sich erneut zu wehren:

»Wenn du mich jetzt auffrisst, kann ich dir leider das Fliegen nicht mehr beibringen.«

Und da der Wolf dies unbedingt erlernen wollte, ließ er den Fuchs laufen.

Das Pferd und das Schaf fressen um die Wette

Das Pferd und das Schaf weideten auf derselben Wiese und fraßen Gras. Eines Tages begannen sie darüber zu streiten, wer von ihnen wohl mehr Gras fressen könnte. Das Pferd war sicher, das Schaf zu besiegen, doch dasselbe glaubte umgekehrt auch das Schaf:

»Ich esse genauso viel wie du und sogar noch mehr«, brüstete es sich.

»Aber ich bin viel größer als du und schaffe deshalb die größere Portion«, widersprach das Pferd.

Da sich mit Worten nichts entscheiden ließ, machten sie die Probe aufs Exempel und begannen zu fressen. Das Pferd graste ohne Hast und war gewiss, den Wettkampf zu gewinnen. Das Schaf stopfte sich eilig voll und war schon bald so satt, dass es ächzte und klagte: »Nicht einen einzigen Grashalm schaffe ich mehr.« Und es fand auch sogleich eine Ausrede:

»Mein Mund würde ja noch mahlen und mein Magen gehorchen, doch meine dünnen Beine sind zu wacklig, um mich dann noch zu tragen!«

Das Schwein und der Sonnenaufgang

Wieder einmal stromerte der Fuchs durch die Gegend – dieses Mal nah am Waldhof. Denn er wusste: Niemand machte so köstliche Butter und sahnige Dickmilch wie die Waldhof-Bäuerin. Bei seiner Suche nach einer Stelle, an der er durch den Zaun schlüpfen könnte, um an die cremigen Leckereien zu gelangen, stieß er auf das Schweinegehege. Eine riesige Sau suhlte sich genüsslich in einer Pfütze und schien überaus zufrieden. Der Fuchs fand das so sonderbar, dass er näher heranging und die Sau beobachtete.

Nach einer Weile steckte er den Kopf zwischen zwei Zaunlatten hindurch und rief: »Ich bin das klügste Tier im Wald! Und was bist du für ein Tier? Sehr einfältig bestimmt, liegst einfach dick und dumm im Schlamm herum!«

Die Sau wälzte sich von der einen Seite auf die andere und grunzte:

»So dumm bin ich nicht. Ich kann dir nämlich sagen, dass die Pfützen bald wegtrocknen werden – wir kriegen schönes Wetter.«

»Ach, und woher willst du das wissen?«, fragte der Fuchs in herablassendem Ton.

»Das weiß ich, weil mich die Rüsselläuse heut so fröhlich zwicken.«

Da wurde der Fuchs noch verächtlicher und sagte: »Du musst wirklich das dümmste Tier der Welt sein, suhlst dich träge im Schlamm und hältst dir schmutzige Läuse als Wetterfrosch! Du hast doch bestimmt noch nie den Sonnenaufgang gesehen, weil du stets mit der Schnauze im Dreck steckst.«

»Ich bin gewiss genauso klug wie du, wenn nicht klüger«, entgegnete das Schwein. »Du weißt wahrscheinlich nicht einmal, in welcher Himmelsrichtung die Sonne sich morgens zeigt!«

Das ließ der Fuchs nicht auf sich sitzen. Nachdem die beiden sich eine Weile gezankt hatten, schlossen sie eine Wette ab: Wer die Morgensonne als Erstes entdeckte, würde sich einen Eimer Dickmilch von der Bäuerin schnappen, der andere ginge leer aus. So schlichen sie im Morgengrauen an den Waldrand und schauten in den Himmel. Der Fuchs richtete seine Schnauze gen Osten, dorthin, wo die Sonne sich allmorgendlich zeigte. Die Sau drehte sich nach Westen und blickte einen Hang hinauf. Als der Tag anbrach, glühte der Wipfel der größten Tanne auf dem Hang golden auf. Freudig rief die Sau:

»Die Sonne scheint, der Tag fängt an!«

Der Fuchs drehte sich nicht einmal um und lästerte: »Mit deiner Klugheit ist es nicht weit her, bei dem dummen Zeug, das du faselst. In *meiner* Richtung wird gleich die Sonne zu sehen sein, nicht in deiner.«

»Oh nein, Fuchs!«, widersprach die Sau. »Schau nur den Hang hinauf! Die Sonne beleuchtet längst die Tannenwipfel.«

Da drehte der Fuchs sich um und musste feststellen, dass die Sau recht hatte.

»Stimmt«, knurrte er verärgert. »Der Eimer Dickmilch ist deiner. Ich werde mich mal lieber verziehen, wenn es hier andere, schlauere Tiere gibt. Dass hinter einer so dummen Schlammschnauze überhaupt ein Funken Grips steckt! Wer hätte das gedacht.«

Der Fuchs und der Hase schlaumeiern

Der Fuchs und der Hase tapsten zusammen den Weg entlang. Der Fuchs ging auf besonders leisen Pfoten und lauschte immer wieder in die Lüfte. Wenn es knackte, drehte er sich um und schaute nach hinten. Der Hase beobachtete den Fuchs eine Weile und fragte schließlich:

»Warum drehst du dich immer wieder um, mein Freund? Schon beim leisesten Geräusch siehst du nach hinten.«

»Natürlich deshalb, weil ich im Schwanz keine Augen habe«, antwortete der Fuchs. Der Hase wurde rot vor Verlegenheit – offenbar hätte er das wissen müssen.

Die beiden gingen weiter. Schon bald begann der Hase, im Zickzack von einer Seite des Weges auf die andere zu laufen.

Als der Fuchs dem Hasen eine Weile zugeschaut hatte, fragte er:

»Mein lieber Hase, weshalb läufst du im Zickzack über den Weg?«

»Na, *unter* dem Weg kann ich bestimmt nicht Zickzack laufen!«, antwortete der Hase.

Dieses Mal war es der Fuchs, der rot wurde.

Der Fuchs lernt fliegen

Eines schönen Tages sah der Kranich den Fuchs faul auf einem besonnten Felsen lümmeln. Er flog zu ihm hin und ließ sich neben ihm nieder. Wie sie da so nebeneinander saßen, erinnerte sich der Kranich an vergangene Zeiten: »Entsinnst du dich, mein lieber Fuchs, wie ich versehentlich im Winter hierblieb und mir das Essen ausging? Da sagtest du, ich solle mich nicht sorgen. Denn du würdest dich gern um meine Nahrung kümmern, wenn ich dir dafür eines Tages das Fliegen beibrächte!« – »Oh ja, selbstverständlich erinnere ich mich«, erwiderte der Fuchs. – »Na dann. Ich hätte jetzt Zeit. Lass mich dir das Fliegen beibringen«, sagte der Kranich. »Setz dich auf meinen Rücken, dann geht es gleich los.«

Der Fuchs freute sich und nahm mutig auf dem Rücken des Kranichs Platz. Schon stieg der Kranich in die Lüfte, und als er recht weit oben war, warf er den Fuchs ab, der nun allein fliegen sollte. Der Kranich drehte noch eine Runde in den Lüften und kehrte dann zum Boden zurück. Als er den Vierbeiner benommen daliegen sah, sagte der Kranich: »Oje. Wahrscheinlich hast du deinen Schwanz nicht als Propeller benutzt?« – »Nein, das habe ich nicht«, gab der Fuchs zu. – »Dann müssen wir es wiederholen. Dieses Mal lässt du den Schwanz kräftig kreisen, sobald dein Flug beginnt.«

Der Fuchs, der noch zu benommen war, um klar zu denken, stieg ein zweites Mal auf den Rücken des Kranichs. Oben in der Luft wurde er ein zweites Mal abgeworfen. Wenig später saßen die beiden wieder nebeneinander auf der Erde. »Und? Lief es besser?«, fragte der Kranich. Der Fuchs biss die Zähne zusammen und grinste. »Ja, fantastisch. Nur leider habe ich mir beim Landen ein Bein gebrochen.« – »Ja, Fliegen ist schwierig und verlangt viel Übung«, erwiderte der Kranich und dachte: »So schlau, wie es immer heißt, ist der Fuchs nicht.« Der Fuchs wollte lieber nicht mehr üben und hinkte nach Hause, wo er sein Bein lange auskurieren musste. In dieser Zeit hatten die anderen Tiere endlich ihre Ruhe.

Das Huhn zieht auf den Bauernhof

Vor langer Zeit lebte im Wald ein ganz gewöhnliches Huhn – zusammen mit einem Birkhuhn, einem Auerhahn, einem Haselhuhn und einem Schneehuhn. Eines Tages überlegte das Huhn gemeinsam mit dem Schneehuhn, wie es wäre, auf dem Bauernhof zu leben. Je länger sie sich das ausmalten, umso größer wurde ihr Wunsch, auf den Hof zu ziehen.

»Aber wir können nicht beide dorthin gehen«, fanden sie, »einer von uns sollte hier bei den anderen im Wald bleiben.«

Sie überlegten hin und überlegten her, wie sie die Angelegenheit entscheiden sollten. Schließlich hatten sie eine Idee.

»Wir laufen um die Wette. Wer zuerst auf dem Hof ankommt, darf dableiben.«

Gesagt, getan. Es wurde ein hitziges Rennen, bei dem das Schneehuhn vorne lag. Das Huhn erkannte, dass nur noch eine List helfen konnte, und rief aus voller Kehle:

»Schneehuhn, sieh dir deine Beine an! Die sind voll hässlicher Federn! Wie willst du mit solchen Beinen auf einem Hof einziehen?«

Das Schneehuhn blieb stehen. Es wusste, dass seine Beine dicht mit Federn bedeckt waren. Verschämt begann es, eine nach der anderen mit dem Schnabel auszurupfen. Und während es noch mit Rupfen beschäftigt war, erreichte das Huhn den Hof. Seit diesem Tag lebte es froh und zufrieden bei den Bauernhoftieren.

Der geheimnisvolle Gast

Der Hoppelhase wohnte schon seit einiger Zeit in einer verlassenen Waldhütte. Bei Sonne faulenzte er draußen auf der Treppe, bei Regen lümmelte er drinnen in der Hütte, und er war rundum glücklich. Er mochte das angenehme Leben und schätzte die Gemütlichkeit. Als er eines Tages nach einem langen Streifzug durch den Wald, bei dem er nach Nahrung gesucht hatte, zurück zur Hütte hoppelte und müde auf die Treppe sank, wurde er sogleich wieder aufgeschreckt: In der schummrigen Hütte stand ein gruseliges Wesen mit zwei Hörnern auf dem Kopf und einem langen Bart; riesig und haarig war es außerdem. Und dann stellte es sich auch noch auf die Hinterbeine und stieß einen schrillen, meckernden Schrei aus. Als der Hase das entsetzliche Gebrüll hörte, rannte er zurück in den Wald und suchte das Weite. Er hoppelte und hoppelte, bis er nicht mehr konnte, und warf sich heulend unter eine Birke. Dieses Geheule vernahm der Bär, der sogleich herbeitappte und fragte:

»Was klagst und weinst du so, Hase?«

»Ich klage und weine, weil ein riesiges Raubtier in meine Hütte gezogen ist und furchterregend brüllt. Es hat lange Hörner und ist auch sonst gewaltig groß. Ich habe mich so erschrocken, dass ich nur noch flüchten konnte.«

»Das ist ja eine merkwürdige Geschichte«, wunderte sich der Bär. »Was mag das für ein Tier sein? Komm, wir gehen gemeinsam zur Hütte, ich werde es vertreiben.«

So tappten sie nebeneinander zur Hütte. Sie betraten die Treppe und wollten die Tür ein Stück weiter öffnen, als ihnen schon das schreckliche Geräusch entgegenschallte und das Biest sich erneut auf die Hinterbeine stellte. Das war selbst dem Bären zu viel: So schnell rannte er davon, dass sein zottiges Hinterteil zitterte. Der Hase hoppelte wieder bis zu seiner Birke, warf sich an ihren Stamm und schluchzte.

Dies hörte der Wolf und kam nun seinerseits herbei. Als er vernahm, was passiert war, bot er an, das schreckliche Ungeheuer aus der Hütte des Hasen zu vertreiben. Der Hase gab zu bedenken, dass selbst der Bär das nicht geschafft hätte. Doch der Wolf ließ sich davon nicht abschrecken, und so gingen der Wolf und der Hase zusammen zur Hütte. Kaum hatten sie die Treppe betreten und die Tür geöffnet, wiederholte sich das Entsetzliche, und schon ergriff auch der Wolf die Flucht. Der Hase hoppelte dieses Mal bis zum Waldhof, am Holzzaun brach er heulend zusammen.

Da kam der prächtige Hahn vorbeistolziert, der den Hasen fragte, was ihn so elend weinen ließ. Nachdem der Hase die gruselige Geschichte erzählt hatte, überlegte der Hahn verwundert, ob es sich bei dem brüllenden Tier mit Hörnern vielleicht um einen Hirsch handelte.

»Nein, das Geweih eines Hirschs ist gebogen, die Hörner dieses Ungeheuers aber waren ziemlich gerade, außerdem hat es einen schrecklichen Zottelbart«, sagte der Hase.

Der Hahn, dessen Kampfgeist erwachte, ließ sich davon nicht einschüchtern; schon fühlte er die Streitlust in sich köcheln.

»Was auch immer es für ein Wesen ist, ich werde es vertreiben!«, krähte er lauthals.

»*Du* willst dieses Wesen vertreiben?«, fragte der Hase bibbernd. »Das haben nicht mal der Bär und der Wolf geschafft!«

Das stachelte den großen Hahn vom Waldhof erst recht an. Er flatterte mit den Flügeln, schlackerte mit dem Kehllappen und schrie: »Egal, wie groß das Wesen ist, ich verjage es!«

Und in rasendem Tempo sprintete der Hahn zur Waldhütte – der Hase kam kaum hinterher. Am Ziel angekommen, betraten sie die Treppe und öffneten die Tür. Dabei krähte der Hahn so schrill und gellend und flatterte so wild mit den Flügeln, dass das Wesen in der Hütte, das eben noch auf der Sitzbank gestanden hatte, vor Schreck zu Boden stolperte. Als der Hahn zum zweiten Mal aus voller Kehle krähte, suchte das Wesen mit trippelnden Schritten nach einem Fluchtweg. Nun brauchte der Hahn nur noch krähend und flügelschlagend in die schummrige Stube zu springen, und das fremde Wesen schoss wie ein Pfeil hinaus und verschwand.

Doch der Hase und der Hahn hatten genau gesehen, um wen es sich handelte: Das Schreckenswesen war niemand anderes als der Ziegenbock – der Bock des Waldhofs, der aus Langeweile seine Wiese verlassen und sich bei der Suche nach neuem Weideland in die Waldhütte verirrt hatte. Er hatte eigentlich nur eine Rast einlegen wollen.

Zufrieden mit seiner Tat sah der Hahn sich in der Hütte des Hasen um und schlug vor, sie sollten ab sofort gemeinsam dort wohnen. Der Hase aber hatte von dem verlassenen Haus genug und sagte: »Ich gehe lieber dahin zurück, wo ich zuvor gelebt habe. Das Hüttenleben ist nichts für mich.« Eilig hopste er davon.

Da mochte auch der Hahn nicht allein zurückbleiben. Wer würde seine schönen Schreie hören? Er stolzierte wieder auf den Waldhof, wo er allen von seiner Heldentat erzählte.

Was man sich von der Taube erzählt

Die Taube war ein scheuer, rätselhafter Vogel. Sie mied die anderen Vögel und hielt sich in den höchsten Wipfeln der Bäume auf, von wo sie alles genau beobachtete.

Einmal geriet die Taube in einen Wettstreit mit dem Frosch und lobte ihre guten Augen und ihr glattes Federkleid. Der Frosch wiederum prahlte mit seinen feinen Ohren. Als auf dem Feld gleich neben ihnen der Bauer vom Waldhof Rüben aussäte, rief der Frosch:

»Wenn du so gute Augen hast, dann sag mir doch, was der Bauer dort gerade aufs Feld wirft?«

»Gute Frage«, erwiderte die Taube, »lass mich nur ein winziges Stückchen näherfliegen, dann kann ich dir sagen, was er aussät.«

Die Taube flog rasch bis aufs Feld, pickte einen Rübensamen auf und beschloss, den Spieß sogleich umzudrehen und nun den Frosch und sein Gehör auf die Probe zu stellen. Nachdem sie ihm von der Rübenaussaat berichtet hatte, setzte sie sich oben in ihren Tannenwipfel und ließ den Samen durch die Äste hindurch in eine Pfütze fallen. Überrascht musste sie feststellen, dass der Frosch das leise Plumpsen gehört hatte: »Was ist denn da in die Pfütze gefallen? Hast du etwa mit einem Steinchen geworfen?«, fragte er.

Seine Ohren mussten wirklich außerordentlich fein sein, folgerte die Taube. Doch auch der Frosch bewunderte von diesem Tage an die Taube für ihre guten Augen.

Die kleineren Artgenossen der Taube wiederum fanden, dass die Taube gierig und gemein war; es hieß, sie habe den kleineren Vögeln früher oft ihre Eier gestohlen und sie ausgeschlürft. Als die Vögelchen, die sich im Dickicht versteckt hatten, die Taube einmal auf frischer Tat ertappten und laut piepsend aus ihrem Versteck hervorstoben, da erschrak die Taube so, dass sie aus Versehen ein ganzes Ei herunterschluckte. Die Schale des gestohlenen Eies zerbrach in ihrer Kehle, und seit diesem Tag konnte die Taube nicht mehr schön singen. Nur ein hässliches »Grru-grruuu-grru« brachte sie zustande.

Andere Waldbewohner wiederum hatten Mitleid mit der scheuen Taube und fanden sie sehr anständig. Nie würde die Taube etwas Böses tun, im Gegenteil: Sie selbst war es doch, die hereingelegt worden war, und zwar vom verschlagenen Schneehuhn. Die Taube hatte nämlich ursprünglich zehn Eier bebrütet. Und das Schneehuhn nur zwei. Trotzdem bot es der Taube einen Tausch an: »Ich kriege deine Eier und du meine. Zwar habe ich weniger, dafür sind sie aus Gold.«

Die Taube, mitunter ein wenig einfältig, war geradezu entzückt vor Freude, und nahm das Angebot an.

Gleich nach dem Tausch begannen sie mit dem Ausbrüten der neuen Eier. Die Taube hatte jetzt nur noch zwei, das Schneehuhn aber zehn. Da wurde der Taube ihr schlechter Tausch bewusst, und sie klagte leidvoll:

»Grr, grr, aus zehn wurden zwei,
grr – das ist nicht gerecht!
Grr, grr, zwei Eier vom Huhn,
grr – das Gold ist nicht echt!«

Friede unter den Tieren

Wieder einmal machte der Fuchs einen seiner Abstecher zum Waldhof, denn er wollte dem stolzen Hahn und seiner Familie einen Besuch abstatten. Kaum stand er vor den Stallungen, musste er feststellen, dass der Hahn und die Henne innig zusammenhockten, und zwar oben auf dem Dach ihres kleinen Hühnerheims. Dem Fuchs war klar, dass es nun nicht leicht werden würde, ein saftiges Federvieh zwischen die Zähne zu bekommen. »Aber wir wollen mal sehen«, sann er, »allzu schlau sind diese Tiere sicher nicht.«

Er setzte sein freundlichstes Gesicht auf und wünschte dem Hahn und der Henne höflich einen guten Tag. Dann schaute er versonnen in den Himmel, als würde er die Wolken und das Wetter beobachten, und sagte schließlich mit sanftem Schmelz in der Stimme: »Habt ihr schon gehört? Unter den Tieren herrscht jetzt Friede, und zwar für immer. Niemand darf mehr ein anderes Tier angreifen.«

Verwundert lauschten der Hahn und die Henne diesen Worten. »Friede unter den Tieren? Endlich Schluss mit dem ewigen Jagen und Kämpfen? Das wäre ja wunderbar.«

»Oh ja, und es ist wirklich wahr!«, sagte der Fuchs und blickte so unschuldig, wie er nur konnte. »Kommt also herunter auf die Erde! Was wollt ihr noch dort oben, wenn hier unten der Ort ist, an dem ihr wohnt und euer Essen pickt.«

»Hmm.« Der Hahn und die Henne sahen einander zweifelnd an und wussten nicht, was sie tun sollten. Sie hatten Angst vor dem Fuchs; konnte man ihm doch nur selten vertrauen. Da sah die Henne, dass der Wachhund auf den Hühnerstall zugerannt kam, und sagte zu ihrem Mann: »Da kommt der gute Musti herbeigelaufen, er sucht wohl nach etwas.« Dabei sprach sie so laut, dass auch der Fuchs es hören musste. Der zog sofort vor Angst den Schwanz ein und eilte davon.

Da wusste das Huhn, dass der Fuchs gelogen hatte, und gackerte ihm hinterher: »Warum läufst du fort? Wir hätten doch alle zusammen etwas spielen können, auch Musti hätte mitgemacht!«

»Kann schon sein«, rief der Fuchs zurück, »ich fürchte nur, dass Musti von dem neuen Frieden noch nichts weiß, und da möchte ich Missverständnisse lieber vermeiden!«

Da endlich durchschaute auch der Hahn den Fuchs. Er begann prompt laut zu krähen und tat, als hätte er persönlich den Fuchs vertrieben. Und als Nächstes wollte er Musti erzählen, dass nun auch er einen Fuchs in die Flucht schlagen konnte – mit einem einzigen lauten Hahnenschrei.

Die Maus als Schneider, die Katze als Kunde

Die Maus hatte eine große Familie zu ernähren. Sie überlegte, wie sie zu mehr Geld kommen und mehr Essen für ihre Kinder kaufen könnte. Da sie zwei geschickte Hände hatte, eröffnete sie eine Schneiderei. Schon bald hatte sie genügend Kunden und schneiderte ihnen neue Kleider auf den Leib. Das Geschäft ging gut, und die Maus freute sich.

Eines Tages betrat eine große Katze den Laden. Die Maus erschrak sehr und fragte mit zitternder Stimme, wie sie der Katze helfen könne.

»Du bist doch Schneidermeister, nicht wahr? Ich brauche eine neue Jacke«, sagte die Katze und sah die Maus durchdringend an. Die Maus, die im Schneidersitz dasaß und nähte, dass es nur so surrte, unterbrach die Arbeit an der Maschine und ging mit ihrem Maßband zur Katze hinüber, um deren Maße zu nehmen. Als sie fertig war, sagte die Katze »Auf Wiedersehen« und verschwand.

Die arme Maus hatte noch nie für ein so großes Tier geschneidert. Die Aufregung machte sie fahrig, und schon hatte sie den Stoff zu klein geschnitten. Nun würde keine Jacke mehr daraus werden. Als die Katze erschien, um ihre Bestellung abzuholen, gestand die Maus, dass der Stoff keine Jacke mehr hergäbe.

»Was gibt er denn her?«, fragte die Katze.

»Eine Hose«, log die Maus.

Da die Katze auch eine Hose gut gebrauchen konnte, bestellte sie statt der Jacke eine Hose und verließ den Laden.

Doch ein Stoff, der keine Jacke hergab, war für eine Hose ebenfalls zu knapp bemessen. Und als die Katze die Hose abholen wollte, musste die Maus zugeben, dass sie aus dem Stoff auch keine Hose schneidern konnte.

»Was *kannst* du denn daraus schneidern?«, fragte die Katze leicht verstimmt.

»Eine Weste!«, rief die Maus.

DIPLOM

Die Katze willigte ein und sagte, sie würde sehr bald wiederkehren. Die Maus war so aufgeregt, dass sie den Stoff auch dieses Mal zu klein schnitt und nun auch keine Weste mehr daraus wurde.

Als die Katze in den Laden kam, hatte die Maus wieder nichts vorzuweisen.

»Was kannst du überhaupt noch mit dem Stoff anfangen?«, maunzte die Katze gereizt.

»Ich könnte eine Mütze schneidern!«, rief die Maus.

Die Katze nickte und kündigte an, sehr bald zurückzukommen. Grimmig verließ sie die Schneiderei.

Die Maus steckte böse in der Klemme. Auch eine Mütze bekam sie aus den Stofffetzen nicht zusammengenäht.

»Es wurde leider auch keine Mütze«, stotterte sie, als die Katze wieder auftauchte und fordernd an der Tür stand.

»Was dann?«, fauchte die Katze.

»Ein Portemonnaie vielleicht?«

Zum Glück konnte die Katze auch das gebrauchen und kündigte an, später wiederzukehren.

Als die Maus das Versprochene jedoch abermals nicht genäht hatte und vorschlug, eine Rosette anzufertigen, war es mit der Geduld der Katze zu Ende: Sie schnappte die Maus und fraß sie auf.

Kikeriki für den König

Der Hahn vom Waldhof stolzierte selbstverliebt auf dem Stalldach umher, präsentierte sich allen Tieren und krähte, was seine Stimme nur hergab. Er war so sehr von sich überzeugt, dass er fand, er müsse den Bauernhof verlassen und fortan auf dem Königshof krähen. Und so stelzte er auch gleich davon.

»Leider bist du nicht so klug, wie du schön bist«, klagte die Henne, die nun allein auf dem Bauernhof zurückblieb und die Küken ohne ihren Mann versorgen musste. Der Hahn hörte das schon gar nicht mehr – mit wehendem Kehllappen schritt er voran und plusterte zufrieden seine bunten Schwanzfedern auf. Alle paar Meter krähte und sang er und lauschte verzückt seiner eigenen Stimme.

Da kam ihm der Fuchs entgegen. »Wohin des Wegs, guter Hahn?«, fragte er.

»Mein Kikeriki dem König,
dem Herrscher will ich krähen!«,

sang der Hahn als Antwort.

»Donnerwetter, so was aber auch«, staunte der Fuchs. »Vielleicht dürfte auch ich deinen kunstvollen Gesang am Hofe des Königs genießen?«

Diese Frage machte den Hahn halb verrückt vor Stolz, und er sagte: »Komm her, dann fresse ich dich, so kannst du von meinem Magen aus zuhören!« Und schon verschlang der Hahn den Fuchs.

Nach einer Weile kam der Wolf dem Hahn entgegen und fragte: »Wohin so eilig, werter Hahn?«

In eitler Pose sang der Hahn:

»Mein Kikeriki dem König,
dem Herrscher will ich krähen!«

Auch der Wolf war begierig, den Hahn beim König singen zu hören, und so wiederholte der Hahn: »Komm her, dann fresse ich dich, so kannst du von meinem Magen aus zuhören!«

Schon verschlang der Hahn den Wolf. Mit dem Wolf und dem Fuchs im Bauch hastete er weiter. Da lief ihm der Bär über den Weg.

»Na, mein kleiner Hahn, wo führt es dich hin, und das in so flottem Tempo?«, fragte er. Der Hahn blieb stehen, flatterte mit den Flügeln und schrie aus voller Kehle:

»Mein Kikeriki dem König,
dem Herrscher will ich krähen!«

»So, so«, sagte der Bär und überlegte. »Könnte vielleicht auch ich mit zum König gehen?«, fragte er.

Der Hahn antwortete wieder dasselbe: »Komm her, dann fresse ich dich, so kannst du von meinem Magen aus zuhören!« Da verschlang der Hahn, vor lauter Stolz gewaltig aufgebläht, auch den Bären und stakste mit prallem Bauch Richtung Königshof.

Dort angekommen, zwängte er sich durch die Pforte in den königlichen Garten. Die Gesellschaft staunte nicht schlecht über den dickbäuchigen Hahn, der sich aufplusterte, zweimal mit den Flügeln schlug und lauthals sang:

»Ich trag eine Mütze aus Gold,
der König nicht mal die Papstmütze!«

Dieses kurze Lied krähte der Hahn immer wieder vor sich hin und schüttelte dabei seine goldgelben Kopffedern, die Mütze. Selbst des Nachts blieb er nicht still! Und wenn er dem König begegnete, schob er die Brust vor und kreischte frech:

»Der Hahn hat gold'ne Krallen,
der König nur lederne Klappersohlen!«

Der Hahn schien mit seinem ewigen Krakeelen gar nicht aufhören zu wollen, und schließlich hatte der König von dem Theater genug. Er befahl seinem Gefolge:

»Werft den dickbäuchigen Störenfried in den Stall mit den Schafsböcken. Sollen die ihm das Leben aus dem Leib trampeln.«

So wurde der Hahn zu den Schafsböcken geworfen und die Stalltür geschlossen. Doch der Hahn würgte sogleich den Fuchs hervor, der die Schafsböcke allesamt auffraß.

Am nächsten Morgen sagte der König zu seinem Gefolge:

»Holt den toten Hahn aus dem Stall und werft ihn auf den Hof.«

Doch als die Stalltür geöffnet wurde, schoss der Fuchs hervor und verschwand blitzschnell Richtung Wald. Danach kam der Hahn herausstolziert und begann sogleich wieder zu singen:

»Ich trag eine Mütze aus Gold,
der König nicht mal die Papstmütze!«

Der König verstand die Welt nicht mehr. Er rief seine Diener zusammen und sagte:

»Holt den Plagegeist unter meinem Fenster fort, werft ihn zu den Stieren und schließt die Tür. Dann wird sein Gesang für immer beendet sein.«

Die Diener führten den Befehl aus. Kaum war die Tür zugefallen, würgte der Hahn den Wolf hervor, und der Wolf verschlang alle Stiere.

Als der König am Morgen den toten Hahn aus dem Stall holen lassen wollte, kam der Wolf aus der Tür geschossen und floh in den Wald. Der Hahn marschierte an den Männern vorbei, stellte sich in die Mitte des Hofes und ließ erneut seinen Spottvers erklingen. Der König sprang entsetzt auf, raufte sich die Haare und brüllte:

»Holt das elende Biest unter meinem Fenster fort und werft es zu den Pferden! Da wird das Gekrähe schon ein Ende finden.«

Sogleich schleiften die Diener den Krakeelmeister in den Pferdestall und knallten die Türe zu. Doch kaum war der Hahn drinnen bei den Pferden, würgte er den Bären hervor, der sich auf die Pferde stürzte und sie alle nacheinander auffraß.

Am nächsten Morgen befahl der König seinem Gefolge, den toten Hahn zu holen und auf den Abfallhaufen zu werfen. Aber als die Diener die Tür des Pferdestalls öffneten, schoss nun der Bär heraus und rannte hinüber in den Wald. Kurz darauf kam der Hahn hervorgegockelt, stellte sich trotzig in die Mitte des Hofes und krähte laut:

»Ich trag eine Mütze aus Gold,
der König nicht mal die Papstmütze!
Der Hahn hat gold'ne Krallen,
der König nur lederne Klappersohlen!«

Da packte den König die Wut. Er sprang im Quadrat, reckte die Faust und brüllte: »Dieser Schreihals will sich partout nicht besiegen lassen! Bringt ihn her, ich werde ihn aufessen, dann ist für immer Schluss mit ihm.«

Die Diener sahen den König überrascht an, gehorchten ihm aber. Schon stopfte der König sich den Hahn in den Rachen. Doch er hatte sich mit seinem Vorhaben böse geirrt – der Hahn sang nämlich einfach weiter: Sobald der König den Mund aufmachte, streckte der Hahn den Kopf hervor und schmetterte sein freches Lied.

Die Gefolgschaft des Königs war entsetzt. Niemand wusste, was zu tun war – ihr König hatte einen lebendigen Hahn im Bauch! Nach einigem Überlegen entschied der König, man solle ein Schwert holen und dem Hahn den Kopf abschlagen, sobald er sich wieder zeigte. Ein Hoffräulein erklärte sich bereit für die Tat und stellte sich, mit dem Schwert in der Hand, vor dem König in Position. Der klappte immer wieder den Mund auf, und endlich zeigte sich der krakeelende Hahn. Das Hoffräulein schlug zu, doch der Hahn war schneller und hatte sich wieder ins Innere des Königs zurückgezogen. Nur den äußersten Zipfel der königlichen Zunge hatte das Hoffräulein getroffen. Da erkannte der König, dass er dem Hahn etwas anbieten musste, wenn er mit ihm Frieden schließen wollte. Und so lockte er den

Hahn mit samtener Stimme: »Komm nur hervor aus meinem Bauch, du guter Hahn, dann gebe ich dir goldene Schuhe und eine silberne Schleife!«

Das hörte sich gut an, befand der Hahn, und so willigte er ein. Kaum war er aus dem König herausgeklettert, erhielt er das Versprochene auch sogleich, und zufrieden machte er sich auf den Heimweg. Er hatte dem Herrscher genug gekräht.

Unterwegs begegnete der Hahn einem Mann, der sein Pferd neben sich herführte. Der Mann fragte den Hahn:

»Wo kommst du her, lieber Hahn?«

Wieder schwoll dem Hahn vor Stolz die Brust, und er antwortete prahlerisch:

»Mein Kikeriki sang ich dem König,
dem Herrscher habe ich gekräht.
Sechs ganze Jahre sang ich dort,
nein, sieben Sommer sogar waren's,
zusammengenommen also acht,
im Grunde eigentlich fast neun,
ein Halbjahr länger, 's wären zehn.«

»Du hast beim König gekräht? Donnerwetter. Und was gab er dir zum Lohn?«, fragte der Mann mit dem Pferd.

»Goldene Schuhe und eine silberne Schleife«, antwortete der Hahn zufrieden.

»Oho! Würdest du deinen Lohn gegen meinen Hengst tauschen?«, fragte der Mann.

Der Hahn fühlte sich geschmeichelt, begutachtete den Hengst und willigte ein. Kaum hatten sie getauscht, sprang der Hahn auf den Pferderücken

und setzte seinen Weg fort. Nach einer Weile begegnete er einem Mann mit einer Kuh, der den Hahn dasselbe fragte wie der Mann mit dem Hengst und der dieselben eitlen Lügen zur Antwort bekam. Der einzige Unterschied: Der Hahn tauschte nun den Hengst ein und erhielt dafür die Kuh. Dann setzte er seinen Weg fort. Nach einer kurzen Strecke kam ihm ein Mann mit einem Schaf entgegen, und der Hahn tauschte die Kuh gegen das Schaf. Als Letztes kam ihm ein Mann mit einem Schleifstein entgegen, und nachdem die Fragen und Antworten gewechselt waren, tauschte der Hahn das Schaf gegen den Schleifstein. Munter wanderte er weiter und erreichte den großen Teich. Auf dem Teich schwamm ein prächtiger Schwan. Der Hahn wollte den Schwan mit seinem Schleifstein treffen, doch der Schleifstein ging weit vom Schwan entfernt unter. So erreichte der Hahn den Waldhof ohne jede Ausbeute. Am Tor erwartete ihn eine zeternde Henne.

»Wo bist du nur gewesen?«, gackste sie böse. Der Hahn musste nicht lange überlegen und krähte als Antwort:

»Mein Kikeriki sang ich dem König,
dem Herrscher habe ich gekräht.
Sechs ganze Jahre sang ich dort,
nein, sieben Sommer sogar waren's,
zusammengenommen also acht,
im Grunde eigentlich fast neun,
ein Halbjahr länger, 's wären zehn.«

»Was ist das für ein Unsinn!«, zischte die Henne. »Nie im Leben bist du so lange fort gewesen! Erst vor Kurzem hast du dich mit wehenden Federn auf den Weg gemacht. Doch nun zeig her – was hat der König dir für deinen Gesang zum Lohn gegeben?«

»Goldene Schuhe und eine silberne Schleife!«, brüstete sich der Hahn.

Als die Henne die Schuhe und die Schleife sehen wollte, musste der Hahn mit der Wahrheit herausrücken und von seinen vielen Tauschgeschäften erzählen. Die Henne hörte aufmerksam zu, doch als sie in Gedanken flugs einen Stall und den Verschlag für den Hengst gebaut hatte, gab es den Hengst nicht mehr, als sie einen Koben für die Kuh errichtet hatte, gab es keine Kuh mehr, als sie eine kleine Ecke für das Schaf abgetrennt hatte, gab es kein Schaf mehr, und als die Henne ihr Messer am Schleifstein wetzen wollte, musste der Hahn bekennen: »Damit habe ich den Schwan auf dem Teich beworfen.«

Da stakste das Huhn fort, holte einen großen Topf, wusch ihn aus und sagte:

»Dann bring uns wenigstens den Schwan für eine gute Mahlzeit herbei!«

Schon wenig später kehrte der Hahn zurück und musste zugeben, dass der Schwan davongeflogen war. Da wurde die Henne zornig und keifte: »Und so ein Nichtsnutz will beim König gesungen und beim Herrscher gekräht haben!« Sie packte den Hahn an den Nackenfedern und zerrte ihn quer über den Hof. Es entbrannte ein Kampf, wie der gesamte Waldhof ihn noch nie gesehen hatte und auch nie wieder zu sehen bekam. Die Henne hackte dem Hahn den Schädel wund, sodass dieser oben ganz rot wurde. Der Hahn traf die Henne viel seltener, ihr Kopf blieb nahezu unverletzt.

Als Ergebnis dieses Kampfes hatte der Hahn fortan für immer einen großen feuerroten Kamm auf dem Kopf, während der Kamm der Henne viel kleiner ausfiel.

Das angeberische Getue des Hahns hörte jedoch auch nach dem Kampf nicht auf. Wieder und wieder flatterte er aufs Stalldach, warf sich in Pose, hob ein Bein, fächerte seine Schwanzfedern auf – und krähte laut gen Himmel.

Wie der Bär, der Wolf und der Fuchs Getreide ernteten

Der Sommer neigte sich seinem Ende entgegen – die Erntezeit stand an. Abends war der Himmel hoch und klar, die Luft kühlte merklich ab. Überall roch es satt und würzig, und morgens lag viel Tau auf den Wiesen. Da sagte der Bär zu seinen Freunden, dass sie nun das Getreide ernten müssten, würde es doch schon voll und gelb auf sie warten.

Der Fuchs hatte keinerlei Lust zu arbeiten, zumal der Tag strahlend schön war und schmackhafte kleine Auerhahnjunge durchs Dickicht hüpften.

Doch er musste dem Bären wohl oder übel gehorchen, denn dieser war ein wenig strenger geworden. Und da dem Fuchs auch leider keine listige Ausrede einfiel, die ihm einen faulen Tag beschert hätte, blieb ihm nichts anderes übrig, als mit den anderen aufs Feld zu gehen und beim Getreideschneiden zu schwitzen. Erst als sie Tausende und Abertausende Halme auf einen Karren geladen hatten und es heimwärts ging, fiel dem Fuchs etwas Schlaues ein: »Wer sich beim Ziehen einer Last nach hinten umdreht, den trifft sofort ein Stein«, erklärte er seinen beiden Freunden, und so wagten der Bär und der Wolf nicht, sich beim Ziehen des Karrens umzudrehen. Der Fuchs kletterte natürlich oben auf die Ähren und machte es sich gemütlich wie auf einer Kutschfahrt. Rechtzeitig vor der Getreidedarre, an der seine Freunde den Karren abstellten, sprang er wieder ab. Kaum war das Getreide in der Darre aufs Gestänge geworfen, heizten sie die Darre an, und als die Garben getrocknet waren, ging es ans Dreschen.

Da sagte der Bär zum Fuchs: »Klettere du oben ins Gestänge, du bist flink und leicht, und wirf uns die getrockneten Garben herunter. Wir fangen dann hier unten mit dem Dreschen an. Du kommst hinzu, sobald du genug Getreide herabgeworfen hast.«

Der Fuchs gehorchte nur zu gern und überlegte dabei schon, wie er um die anstrengende Arbeit des Dreschens herumkäme. Schwung um Schwung warf er die Garben hinab, dass es nur so staubte. Er nieste herzhaft und ließ dem Bären eine Darrstange in den Rücken sausen.

»Au! Was lässt du so dumm die Stange fallen! Komm schnell herab und hilf uns dreschen«, knurrte der Bär.

»Aber mein werter Freund«, entgegnete der Fuchs, »ich habe doch hier oben alle Hände voll zu tun! Ich muss die Stangen festhalten, damit sie euch nicht auf die Köpfe rutschen! Ihr müsst das Dreschen alleine schaffen, ich schütze euch von hier oben.«

Die anderen wollten selbstverständlich nicht, dass schwere Holzstangen auf ihre Köpfe schlugen, und waren ihrem Freund für seinen Vorschlag dankbar. So lag der Fuchs den ganzen restlichen Tag oben im Darrspeicher und faulenzte. Ab und zu ließ er aus reiner Lust an der Gemeinheit eine Stange nach unten sausen. Angeblich seien die so elend schwer, dass seine Pfoten schon entsetzlich schmerzten. Heimlich für sich allein jedoch summte er ein munteres Liedchen. Der Bär und der Wolf droschen derweil das Getreide, bis sie schwitzten, und hatten am Ende drei Haufen vor sich: einen riesigen mit Stroh, einen mittleren mit Spreu und einen kleinen mit Korn. Wie der Fuchs so von oben herabsah und die Erschöpfung seiner Kameraden bemerkte, sprang er herunter und sagte:

»War aber auch Zeit, dass wir fertig wurden. Ich hätte keine Minute länger durchgehalten – so schwer, wie diese Stangen sind. Ich bin wahrlich durchgeschwitzt. Fühl nur meine Stirn, Bruder Bär.«

Der Bär legte seine Tatze auf die Stirn des Fuchses, und in der Tat, dessen Fell war klatschnass. Das kam jedoch allein von der Hitze oben in der Darre.

»Oh ja, du hast wacker geschuftet, lieber Fuchs«, brummte der Bär anerkennend. »Gut, dass auch du deinen Teil beigetragen hast. Wie aber sollen wir das Ganze nun aufteilen?«

Der Fuchs antwortete mit schmeichelnder Stimme: »Das ist doch ganz leicht, meine Freunde. Derjenige von uns, der am meisten Kraft in unser Werk gesteckt hat, bekommt den größten Anteil. Seht her.« Schon tappte der Fuchs hinter den größten Haufen – den mit dem Stroh. »Könnt ihr mich sehen?«

»Nein«, antworteten der Bär und der Wolf.

Der Fuchs tappte hinter den mittleren Haufen – den mit der Spreu. Wieder fragte er: »Könnt ihr mich sehen?«

»Nur ein bisschen«, antworteten der Bär und der Wolf.

Als letztes tappte der Fuchs hinter den kleinsten Haufen – den mit dem Korn. »Und jetzt?«

»Wir sehen dich!«, antworteten der Bär und der Wolf.

»Wunderbar.« Der Fuchs lächelte. »Die Aufteilung ist kinderleicht: Der Größte von uns kriegt den größten Haufen, der Mittlere den mittleren und der Kleinste den kleinen Haufen. Damit dürften alle gerecht belohnt und jeder zufrieden sein!«

»Oh ja«, brummten der Bär und der Wolf zustimmend, und so bekam jeder seinen Haufen.

Flink brachten sie die Ausbeute heim.

In der Mühle würden sie sich schon sehr bald wieder treffen.

Der Bär, der Wolf und der Fuchs in der Mühle

Am nächsten Morgen gingen der Bär, der Wolf und der Fuchs mit ihren Säcken zur Mühle. Alle traten sie an einen Mühlstein und begannen, den Inhalt ihrer Säcke zu mahlen: der Bär sein trockenes Stroh, der Wolf seine staubige Spreu und der Fuchs sein pralles Korn. Wie sie so eine Zeit lang ihre Mühlsteine gedreht hatten, wunderten sich der Bär und der Wolf, dass das Mahlgeräusch bei ihnen so anders klang als beim Fuchs.

»Wieso knirscht es bei dir so köstlich, und bei uns hört man nur ein dürres Knistern?«

Der Fuchs lachte. »Ach, meine lieben Freunde! Habt ihr etwa keine kleinen Steinchen in euer Mahlgut geschüttet?«

»Nein, doch das werden wir gleich nachholen«, antworteten der Bär und der Wolf und waren dankbar für den Rat. Nicht lange, und auch ihre Mühlsteine knirschten köstlich. Als die drei mit dem Mahlen fertig waren, füllten sie ihren Ertrag in Säcke.

»Zeig uns mal deinen Sack her«, forderte der Bär den Fuchs auf. Der Fuchs öffnete sein Säckchen und präsentierte schönstes weißes Mehl, das vom Mahlen noch warm war.

»Wieso ist dein Mehl so hell und unseres so dunkel?«, wunderten sich der Bär und der Wolf.

Wieder musste der Fuchs lachen. »Ihr seid aber auch unerfahren! Wozu steht eine Mühle am Fluss? Habt ihr euer Gemahlenes etwa nicht im Flusswasser gewaschen? Kein Wunder, dass es nicht weiß und sauber ist. Holt das schnell nach, aber passt auf, dass euch das Mahlgut nicht davonschwimmt.«

Beeindruckt von dieser Klugheit, traten der Bär und der Wolf an den Fluss. Der Fuchs schulterte rasch sein Säcklein und flitzte davon.

Der Bär und der Wolf schütteten ihre Säcke über dem Wasser aus und fingen an, im Stroh und in der Spreu herumzurühren. Doch es dauerte nur wenige Augenblicke, und die Strömung hatte einen Teil mit sich gerissen.

»Wir machen es wohl falsch«, stellte der Bär fest. »Lass uns retten, was noch zu retten ist. Lieber ungewaschenes, dunkles Mahlgut als überhaupt keines. Schmecken wird es hoffentlich trotzdem.«

So hatte der Fuchs den Bären und den Wolf einmal mehr hereingelegt.

Wie der Bär, der Wolf und der Fuchs Brei kochten

Der Fuchs köchelte zufrieden seinen Brei. Als er fertig war und probierte, stellte er fest, dass sein Brei überaus köstlich schmeckte. Just in diesem Moment kam der Bär auf einen Besuch herein, und er roch den leckeren Duft sofort.

»Fuchs, du isst Brei, nicht wahr?«, fragte er.

»Ja, ja, aus dem neuen Mehl«, antwortete der Fuchs.

Da trat der Bär näher und warf einen Blick auf den Teller.

»Was ist dein Brei nur fein und weiß! Lässt du mich mal kosten?«

Der Fuchs nickte, und der Bär probierte. »Ausgezeichnet! Wieso nur wird mein eigener Brei so grob und bitter?«

»Wahrscheinlich kochst du ihn falsch«, sagte der Fuchs und erklärte, wie man es zu tun hätte: »Du hängst den Breitopf am Kesselhaken über die Glut und rührst gut mit der Pfote um. Dann steigst du oben auf den Halteholm und wartest, dass die Hitze dir etwas Fett aus deinem Schwanz schmilzt, und lässt es in den Brei tropfen. So habe ich es gemacht, und genauso musst auch du es machen, damit dein Brei gut wird. Je heißer dein Hintern, desto leckerer der Brei!«

»So also kocht man Brei?«, staunte der Bär und ging rasch nach Hause, um den Rat des Fuchses anzuwenden. Er hängte den Kessel an den Haken, ließ Wasser aufkochen, schüttete sein Halmgehäcksel hinein und rührte es um. Er schürte die Glut und rührte erneut um, dieses Mal mit der Pfote, die er sich gehörig verbrannte. Dann kletterte er oben auf den Holm und harrte aus.

»Du lieber Himmel, ist das heiß! Uuuh, wie das brennt!«, ächzte der Bär und spürte, wie er sich den Po versengte. Aber was tat man nicht alles für einen guten Brei! Selbst echte Qualen nahm man auf sich.

Als der Bär es wahrhaft nicht mehr aushielt, streckte er den Kopf nach unten und schaute, ob da nicht schon Fett aus seinem Schwänzchen tropfte.

Bei dieser Bewegung verlor er das Gleichgewicht und plumpste, mit dem Po voran, in den Breikessel. Nun war sein empfindlichstes Körperteil vollends verbrannt.

»Du böser, listiger Fuchs«, schimpfte der Bär, der endlich begriff, dass er an der Nase herumgeführt worden war. Brüllend vor Schmerzen rannte er zum Fluss an der Mühle und kühlte seinen Leib im frischen Wasser. Dabei schwor er sich, es dem Fuchs heimzuzahlen, ohne Gnade, egal wie honigsüß der wieder tun würde.

Währenddessen war auch der Wolf beim Fuchs auf einen Besuch vorbeigekommen und wollte wissen, wie der Brei des Fuchses schmeckte. Als Mitbringsel hatte er ein wenig von seinem eigenen Brei dabei. Als der Wolf den zarten, weißen Brei des Fuchses sah, bat er, ihn probieren zu dürfen. Der Fuchs lenkte den Wolf kurz ab, indem er sagte: »Schau mal, wer da draußen herumspaziert!«

Während der Wolf ans Fenster tappte, nahm der Fuchs einen Löffel vom Brei des Wolfes und kleckste ihn in die Mitte seines eigenen Breis.

Als der Wolf kopfschüttelnd zurückgeschlurft kam, sagte der Fuchs: »Hier, mein Guter, probiere von der Mitte, da schmeckt es am besten.«

Der Wolf probierte also seinen eigenen Brei.

»Der ist ja genauso herb wie meiner. Dann mag ich Brei vermutlich gar nicht«, sagte er.

»Das kann schon sein«, stimmte der Fuchs zu und stellte seinen Breitopf schnell beiseite, damit der Wolf nicht noch von einer anderen Stelle probierte.

Mit diesem Kapitel endete der Getreideanbau der drei Tiere. Nie wieder würden der Bär, der Wolf und der Fuchs gemeinsam auf dem Feld und in der Mühle schuften.

Der Fuchs und sein Fischraub

Schon lange hatte der Fuchs den Waldhofbauern aus der Ferne beobachtet. Der Bauer war nämlich auch ein geschickter Fischer und oft am Ufer zugange. Als die tiefste Winterzeit kam und der Fuchs zu seinem Erstaunen sah, wie der Bauer auch jetzt noch seine Reusen einbrachte und sie mit Stöcken unterm Eis versenkte, erwachte seine Neugier. Er setzte sich auf einen Stein und schaute dem Bauern genau zu, wobei er schon gefräßig seine Lippen leckte.

Am folgenden Tag holte der Bauer einen riesigen Fang aus den Reusen und lud seinen großen Schlitten bis obenhin voll. Der Fuchs verspürte einen gewaltigen Fischhunger und überlegte hin und her, wie er dem Bauern seinen Fang abspenstig machen könnte. Und schon hatte er eine Idee. Flink lief er ein gutes Stück voran, legte sich mitten auf den Weg – dorthin, wo der Bauer bald entlanggefahren käme – und stellte sich tot. Sein prächtiges rotbraunes Fell kam im weißen Schnee bestens zur Geltung.

Nicht lange, und der Bauer kurvte mit seinem Pferdeschlitten heran. Sofort sah er den prächtigen Pelz leuchten und dachte: »Ein toter Fuchs, was für ein Glückstag! Erst die vollen Fischreusen, und nun bekomme ich noch ein edles Fell.«

Der Bauer stieg ab, hob den Fuchs auf, legte ihn oben auf die Fische und breitete eine Decke über seine Ladung. Zufrieden setzte er den Weg fort. Kaum war der Schlitten wieder in Fahrt, begann der Fuchs, die Fische unter der Decke hervorzuschleudern, und zwar so schnell er konnte. Als alle Fische in einer langen Spur im Schnee lagen, hüpfte er wie ein Blitz vom Schlitten und sammelte die Fische ein. Der Bauer war hinter einer Biegung verschwunden und wäre niemals darauf gekommen, dass der Fuchs lebte und den gesamten Fischfang zu sich in den Wald brachte. Zwischen den Bäumen, am Fuße eines windgeschützten Hangs, begann der Fuchs genüsslich zu fressen.

Der Bauer erreichte derweil seinen Hof. Stolz betrat er die Stube, warf seine Handschuhe auf eine Bank und sagte zu seiner Frau: »Geh mal nach draußen und schau dir meinen tollen Fang an.«

Vorfreudig rannte die Bäuerin vor die Tür – und lief sogleich wieder zurück. »Was redest du bloß für einen Unsinn! Dein Schlitten ist leer!«, schimpfte sie.

»Das kann doch gar nicht sein«, rief der Bauer erstaunt und ging selbst hinaus. Sein Fang war fort.

»Das war der Fuchs, dieser Satansbraten!«, schimpfte der Bauer, setzte sich schleunigst auf den Pferdeschlitten und fuhr seine Route sogleich wieder zurück. Doch sosehr er auch suchte, er fand kein einziges Fischlein mehr.

So kam es, dass der Bauer nach einem fischreichen Ausflug aufs Eis mit leeren Händen nach Hause kehrte.

Wie der Bär das Winterfischen versuchte

Eines schönen kalten Tages erwachte der Bär für eine kleine Unterbrechung aus seinem Winterschlaf. Benommen tappte er durch den verschneiten Wald. Und was sah er da? Den Fuchs, der am Fuße eines Hanges saß und Fische fraß. Da der Bär großen Hunger hatte, schaute er gebannt zu. Schon lief ihm das Wasser im Maul zusammen.

»Du hast aber viele Fische«, sagte der Bär, »lass mich auch ein paar essen.« Und sogleich stopfte der Bär sich frische Fische ins Maul. »Wo hast du die denn her?«, fragte er kauend.

Der Fuchs erkannte, dass er dem Bären einen weiteren Streich spielen konnte, und antwortete: »Ich habe sie letzte Nacht aus dem Eis geangelt. Durch ein Loch.«

»Du und angeln?«, fragte der Bär erstaunt. »Aber du hast doch gar keine Angel.«

Der Fuchs log munter weiter: »Die braucht man nicht. Bei sternenklarer Nacht beißen Fische besonders gut, da reicht es, den eigenen Schwanz als Angel ins Eisloch zu hängen. Ich habe das Eisloch vom Waldhofbauern benutzt und bis zum Morgen darüber gehockt. Schwupps, hatte ich an jedem einzelnen Haar meines Schwanzes ein leckeres Fischchen hängen.«

»Ob das auch mir gelingt?«, überlegte der Bär.

»Ganz bestimmt«, versicherte der Fuchs. »Heute Nacht wird es wieder sternenklar. Eine wunderbare Angelnacht.«

Als der Abend kam, tapste der Bär ans zugefrorene Ufer und fand sogleich das freie Angelloch. Er setzte sich darüber und tunkte seinen Schwanz ins Loch – zu der Zeit hatten Bären noch keine kurzen Stummelschwänze. Bitterkalt wurde es ihm am Hinterteil, doch in der Hoffnung auf einen üppigen Fang harrte er die ganze Nacht tapfer aus.

Als der Morgen dämmerte, schlich der Fuchs sich ans Ufer und beobachtete den frierenden Bären voller Schadenfreude. Der harrte noch immer

aus; nur ab und zu wandte er sich um und sah nach, ob schon Fische an seinem Schwanz baumelten. Sein Hinterteil blieb dabei an Ort und Stelle.

»Der ist festgefroren!«, frohlockte der Fuchs und flitzte zum Waldhof. Die Bäuerin war bereits aufgestanden und stampfte in der Küche Butter.

Der Fuchs schlich mehrmals um den Hof herum und überlegte, auf welche Weise er der Bäuerin vom Bären erzählen sollte. Schließlich hüpfte er von einem Schneehaufen hinauf aufs Dach und brüllte durch den Schornstein:

»He, Bäuerin! Da ist ein Bär an eurem Eisloch und klaut eure Fische. So ein Halunke!«

Die Bäuerin stellte sofort das Butterfass beiseite und griff nach dem harten Tragholz für den Wasserbottich. Draußen rief sie im Laufen die Bäuerinnen der Nachbarhöfe herbei, und auch die kamen rasch mit ihren Traghölzern angerannt.

Dem Bären war inzwischen langweilig geworden, doch in der Hoffnung auf einen großen Fang rührte er sich nicht. Als es an seinem Schwanz eisig zwickte, freute er sich und folgerte, dass gerade eine Menge Fische anbissen. Irgendwann hielt der Bär es jedoch nicht mehr aus und versuchte, sein Hinterteil ein wenig zu bewegen. Als ihm dies nicht gelang, weil sein Schwanz so schwer und steif war, frohlockte der Bär und sah den gewaltigen Großfang schon vor sich.

Schließlich war der letzte Stern verblasst und helllichter Tag, und vom Waldhof her kamen zeternde Frauen angerannt. Es waren die Bäuerinnen, die lange Stöcke schwangen und direkt auf ihn, den Bären, zuhielten. Der Bär wollte die Flucht antreten, doch sosehr er auch zog und zerrte, sein Hinterteil kam nicht vom Fleck: Der Schwanz war festgefroren. Mit lautem Brüllen kämpfte der Bär gegen die Kraft des Frostes und die Schläge der Bäuerinnen. Endlich kam er frei – indem er seinen Schwanz entzweiriss. Wie ein Blitz rannte er zurück in den Wald.

Auch die Bäuerinnen kehrten nach Hause zurück. Noch lange wunderten sie sich über den Bären, der seinen Schwanz im Eisloch hatte festfrieren lassen.

Von diesem Tage an hatte der Bär einen kurzen Stummelschwanz.

Warum der Fuchs eine weiße Schwanzspitze hat

Als der Fuchs die Bäuerin aus der Küche gelockt hatte und diese wütend Richtung Ufer lief, sah er, dass die Haustür einen Spaltbreit offen stand. Der Fuchs schlüpfte hinein, schnüffelte herum und entdeckte schon bald die Küche mit dem Butterfass. Er schnupperte zufrieden und probierte auch gleich. Köstlich! Gierig steckte er den Kopf tiefer in die Öffnung und warf das Fass prompt um. Sogleich war der Boden voller rahmiger Milch. Der Fuchs schleckte und schleckte und vergaß alles andere. Auf einmal stand die Bäuerin im Raum.

»Da trifft einen ja der Schlag! Du Lump frisst unsere Rahmmilch auf!«

Sie griff nach dem langen Butterstampfer und rannte auf den Fuchs zu, dessen Schnauze über und über mit Rahm bedeckt war. Der Fuchs war schneller, und nach ein paar Runden in der Küche entwischte er nach draußen und floh. Doch die Bäuerin, angetrieben von ihrem Zorn, war ihm dicht auf den Fersen und ließ ihn nicht entkommen. Immer wieder schlug sie mit ihrem Butterstampfer nach dem Bösewicht. Genau einmal traf sie seinen rotbraunen Schwanz, allerdings nur das Ende.

Und weil der Butterstampfer unten immer weiß und sahnig ist, hatte der Fuchs seit diesem Tag eine weiße Schwanzspitze. Die Wut der Bäuerin sollte er nie vergessen.

Der Kranke trägt den Gesunden

Noch immer litt der Bär unter der Verstümmelung seines Schwanzes. Mit wehmütigem Gebrumm stapfte er durch den verschneiten Wald. Da kam ihm der Fuchs entgegen, die Schnauze weiß vom Rahm.

»Du Fiesling!«, schimpfte der Bär. »Rätst mir, mit dem Schwanz im Eisloch zu angeln! Nie kann man dir vertrauen, du Lügenbold.«

»Ich und ein Lügenbold? Aber lieber Bär, nie im Leben würde ich dich belügen!«, entgegnete der Fuchs. »Und arm dran bin ich obendrein. Sieh nur, die Bäuerin hat mir den Butterstampfer mitten ins Gesicht gehauen. Unter der Sahne tut mir alles entsetzlich weh!«

»Aber ich bin noch viel ärmer dran«, klagte der Bär. »Mir hat sie ihren Stock um die Ohren gedonnert, und obendrein ist mein Schwanz im Eisloch festgefroren.«

»Ach, hör doch auf«, widersprach der Fuchs, legte sich platt auf den Boden und stöhnte elendig. »Wenn hier einer krank ist, dann ich. Wirklich, du solltest mich tragen!«

Da bekam der Bär Mitleid und bot dem Fuchs gutmütig seinen Rücken an: »Na dann, alter Freund, steig auf, ich will dir gerne helfen.«

Als der Bär den Fuchs schon ein gutes Stück getragen hatte, musste der Fuchs kichern. Er bekam so gute Laune, dass er nicht an sich halten konnte und zu singen begann:

»Der Kranke trägt den Gesunden, der Dumme schleppt den Schlauen!«

Der Bär hörte die Melodie, die der Fuchs oben auf seinem Rücken sang, und fragte verwundert: »Was singst du da, werter Kumpan?«

»Ach, nur ein Klagelied«, sagte der Fuchs, »wegen meiner Schmerzen.«

Mit dieser Erklärung gab der Bär sich zufrieden.

Als er den Fuchs ein weiteres Stückchen getragen hatte, begann dieser erneut zu singen:

»Der Kranke trägt den Gesunden, der Dumme schleppt den Klugen!«

Wieder meinte der Bär, etwas Dreistes zu vernehmen, und verlangte nach einer Erklärung.

»Ach, ich schaue mir nur die ersten Sternlein an und summe die alten Kinderlieder meiner Mutter. Ich bin wohl ein wenig wirr im Kopf«, erklärte der Fuchs.

Der Bär glaubte auch dies und trug seinen Freund noch ein gutes Stück weiter. Irgendwann aber tönte es laut und klar von seinem Rücken herunter:

»Der Kranke trägt den Gesunden, der Stummelschwanz den Schlauen!«

Jetzt endlich verstand der Bär, was der Fuchs da oben sang! Wütend warf er ihn ab und wollte ihm sogleich an den Kragen. Doch der Fuchs war schneller und wetzte durch den Schnee hinfort, von Schwäche keine Spur.

Wieder einmal hatte der Bär sich an der Nase herumführen lassen.

Der Hase und der Frost

Mit fröhlich wackelnden Ohren hoppelte der Hase durch den verschneiten Wald und trotzte dem eisigen Frost. Mal rannte er zu einer Espe und nagte an ihrer Rinde, mal hüpfte er mit den anderen Hasen umher und wirbelte mächtig Schnee auf. Irgendwann ließ er sich müde an seinem Schlafplatz nieder. Doch wegen der bitteren Kälte konnte er nicht einschlafen, zu sehr zwickte und zwackte der Frost an seinem Hasenleib. Verärgert stand der Hase auf, hopste auf die Lichtung und rief:

»Du elender Frost! Und wenn du dich noch so anstrengst, ich werde bestimmt nicht erfrieren!«

Als der Frost das hörte, wurde er seinerseits ärgerlich und rief aus seinem raureifbedeckten Mund: »Aber gewiss doch wirst du erfrieren!«

»Nie im Leben, und wenn du es noch so versuchst«, widersprach der Hase. »Wetten?«

»Die Wette gilt!«, antwortete der Frost.

Sogleich begann er, seinem Namen alle Ehre zu machen, und es wurde immer kälter und kälter. Steinsplitter platzten knallend von den Felsen, kleine Vögel fielen tot von den Ästen. Der Hase aber hielt sich durch Hopsen warm und rannte, was das Zeug hielt, durch den Schnee. Der Frost ließ nicht nach und wurde strenger und strenger. »Das könnte schlecht ausgehen«, dachte der Hase, während er auf seinem ausgetrampelten Pfad immer wieder im Kreis lief. Der Frost knallte und puffte und zwickte und zwackte, und irgendwann merkte der Hase, wie seine Beine stetig kälter und steifer wurden. Länger würde er nicht laufen können, er brauchte einen Plan. Erschöpft warf er sich in eine Schneewehe, wälzte sich auf dem Rücken und rief: »Verflixt, ist das heiß! Ich brauche dringend eine Abkühlung!« Und zu diesen Worten wischte er sich übers Gesicht, als würde er entsetzlich schwitzen. In Wahrheit handelte er mit allerletzter Kraft und fühlte sich beinahe schon halb tot.

Der Frost aber glaubte dem Hasen und wunderte sich sehr.

»Den kleinen Hopser werde ich wohl nicht bezwingen können, so wie der schwitzt«, dachte er und gab auf. Als er sich umsah, musste er obendrein feststellen, dass es schon hell wurde und die Sterne am Himmel verblassten. Der Morgen dämmerte, und der Frost wurde müde und musste weichen. »Es hat keinen Zweck mit diesem flinken Hasen. Soll er doch weiterschwitzen.« Und mit diesen Worten legte der Frost sich schlafen. Sogleich wurde es milder, schon bald setzte lauer Regen ein.

Als der Hase die ersten warmen Tröpflein auf seinem Fell spürte, rannte er los und lachte und lachte. Er lachte so sehr, dass sein Mund bis zur Nase einriss. Seit diesem Tag hatte der Hase einen senkrechten Strich zwischen Mund und Nase – der Frost aber ließ ihn für immer in Ruhe. Noch lange rannte der Hase durch die Wälder und erzählte stolz, dass er stärker gewesen war als der elende Frost.

Die Tiere bauen eine Straße

Vor langer, langer Zeit lebten die Tiere friedlich miteinander im Wald und folgten den Gesetzen der Natur. Irgendwann jedoch stellten sie fest, dass das viele Laufen über Steine, Wurzeln und Stöcke sie anstrengte und manche von ihnen sich sogar ernsthaft die Füße verletzten.

So kamen die Tiere zu einer Beratung zusammen und fassten einen Entschluss: Sie brauchten eine Straße. Zur nächsten Besprechung wurde jedes Waldtier eingeladen, Groß und Klein versammelte sich auf einer weiten Lichtung. Bald herrschte ein wildes Durcheinander, überall wurde geplappert und geplauscht, aber niemand hatte eine Idee, wie die Straße zu bauen wäre.

»So wird das nichts«, stellten die Tiere fest, »wir brauchen einen Anführer. Wer von uns könnte das sein?«

Alle wurden still und blickten in die Runde. Niemand meldete sich zu Wort. Da blinzelte der Fuchs listig in die Runde, sprang auf einen Stein und verkündete:

»Wenn sich sonst keiner findet, kann ich die Rolle des Anführers übernehmen.«

Das fanden die anderen weniger gut, denn jeder wusste: Der Fuchs war durchtrieben und obendrein faul, und genau deshalb wollte er Anführer werden. Da die Tiere aber den Frieden liebten, mochten sie nicht streiten und nahmen den Vorschlag des Fuchses an. Dieser begann sogleich, die Arbeit zu verteilen:

»Du, mein lieber Bär, bist ein überaus starker Kerl, du wälzt die Steine und Wurzeln beiseite.«

Der Bär knurrte unwillig. Wieso musste er immer das Schwerste übernehmen? Doch ehe er Einspruch erheben konnte, verteilte der Fuchs schon weitere Aufgaben:

»Und du, mein lieber Wolf, bist mit deinem geschmeidigen Rücken und den Protzbeinen der Zweitstärkste hier. Du schleppst die Steine und Wurzeln des Bären fort.«

Der Bär und der Wolf machten sich an die zugewiesene Arbeit. Der Fuchs nickte zufrieden und verteilte munter die nächsten Aufgaben:

»Ihr Mäuse entfernt das Moos, wer will schon eine vermooste Straße. Und du, Hermelin, überwachst bitte die Arbeit der Mäuse. Wenn sie sich querstellen oder auch vor Erschöpfung sterben, trägst du sie einfach weg. Und die Faulen frisst du kurzerhand auf.«

Als Nächstes wandte der Fuchs sich an den Luchs:

»Du, mein Edler, reißt Heidekraut und kleinere Wurzeln aus, denn du hast scharfe Krallen und machst uns den Boden weich und glatt.« Der Fuchs sah zum Hasen und zum Eichhörnchen und sprach weiter. »Und du, werter Hase mit den langen Läufen, ebnest das vom Luchs Geschaffene weiter ein. Und du, kleines Eichhörnchen, läufst vorneweg und legst die Route für die Straße fest.«

»Das verspielte Eichhörnchen als Routenplaner? Dann wird es aber eine kurvige Straße«, wunderten sich die übrigen Tiere, doch der Fuchs entgegnete: »Das macht nichts. Waldstraßen müssen kurvig sein.«

Den Vögeln trug er auf, Beeren fortzupicken und Preiselbeerreisig und andere Stiele und Stängel wegzutragen.

Als die Reihe an den Kranich kam, reckte dieser seinen langen Hals und krähte:

»Was soll ich hier bei euch im Wald mitarbeiten? Ich wohne in den Sümpfen, nicht zwischen Bäumen und Beerenbüscheln.«

Doch der Fuchs brachte den Kranich dazu, bei den Vögeln mitzuhelfen. Dem Schneehuhn trug er auf, die Route des Eichhörnchens deutlich zu markieren; es sollte Zweige vom Wegesrand abbrechen und Knospen und Weidenkätzchen wegfressen. Das Birkhuhn mit dem gebogenen Schwanz, der Meister im Kollern, sollte Birkenknospen wegfressen, und das Haselhuhn mit der

Haartolle, der kleine Piepser aus dem düsteren Dickicht, musste sich um die Erlenknospen und -zweige kümmern. Der Auerhahn mit der Schwellbrust hatte die unteren Zweige der großen Kiefern anzuknabbern, und sein Weib, die Auerhenne, durfte ihm dabei helfen.

So überlegte der Fuchs sich für jeden eine Aufgabe, bis alle eine Arbeit hatten. Einige Tiere vernachlässigten jedoch ihre Pflicht und lagen auf der faulen Haut, sodass die anderen für sie mitarbeiten mussten: Der Bär schuftete für mindestens acht, und der Wolf kam beim Wegbringen der Steine und Wurzeln kaum hinterher. Die Mäuse rackerten, was sie konnten, und die Müden wurden eifrig vom Hermelin weggetragen. Der Fuchs aber spazierte gemütlich umher und erteilte mal hier, mal da einen Befehl.

Zwischendurch verschwand er und legte sich an ein sonniges Plätzchen. Dort kicherte er leise vor sich hin und freute sich über die Einfalt der anderen.

Dass aber einige faul waren und andere fleißig, säte den Keim für Neid und Zwietracht unter den Tieren, wie sich später zeigen sollte. Doch erst einmal arbeiteten die Fleißigen wacker bis in den Abend. Als die helle Polarnacht endlich eine Spur von Schummerlicht zwischen den Bäumen verbreitete, schleppten sich alle in ihre Höhlen, Löcher und Nester – oder zogen, ihrer Natur gemäß, für eine späte Jagdrunde aus.

Der Wald atmete sein nächtliches Geheimnis und verwandelte sich in eine magische Welt voll wilder Kraft. Wer jetzt noch wach war, bewegte sich lautlos trippelnd oder mühelos fliegend auf stillen Wegen durchs Gehölz. Der Nachtwind rauschte in den alten Tannen, und aus der Ferne ertönte der einsame Ruf eines Uhus.

Belohnung für die Fleißigen

Nach tagelanger harter Arbeit stellten die Tiere endlich ihre Straße fertig. Und zum krönenden Abschluss versammelten sie sich wieder auf der Waldlichtung. Der Fuchs ergriff sogleich die Rolle des Redners und verkündete:

»Nun, da wir alles geschafft haben und unsere Straße fertig ist, erhalten die Fleißigen ihre Belohnung und die Faulen ihre Strafe. Dies ist der Wille der Waldgötter Tapio und Mielikki. Sie haben mir genaue Anweisung gegeben, wie ich es zu verkünden und zu vollstrecken habe.« So feierlich hörte man den Fuchs selten reden, und niemand zweifelte an seinen Worten.

»Also. Wer von euch hat die schwerste Arbeit geleistet?«

Der gute Bär mit seinem Zottelfell zupfte sich noch Flechten und Harzklumpen aus dem Pelz. Ehe er etwas sagen konnte, riefen die anderen Tiere schon:

»Der Bär hat die schwerste Arbeit geleistet! Er hat keinen Stein auf dem anderen gelassen, er hat den halben Wald durchgepflügt. Er hat die größten Kräfte.«

Da meldete sich vom Erdboden her eine fiepsige Stimme und protestierte: »Oh nein, *ich* habe die größten Kräfte! Jedenfalls, wenn man meine kleine Gestalt berücksichtigt.« Es war die Ameise, die da sprach. »Ich habe einen Stein von meiner Körpergröße in den Wipfel einer Kiefer geschleppt und wieder zurück, und der Bär hat seinen Stein nicht einmal vom Fleck gekriegt.«

»Was man sich alles anhören muss«, stöhnte der Bär, »das sind doch uralte Geschichten.« Aber es nützte nichts, die Tiere stellten sich auf die Seite der Ameise:

»Sie hat recht. In Anbetracht ihrer Größe ist *sie* die Stärkste unter uns.«

Da wurde der Bär böse und zog der Ameise eins mit der Tatze über. Er traf halb daneben, doch das arme Wesen wurde tief in den Sand gedrückt.

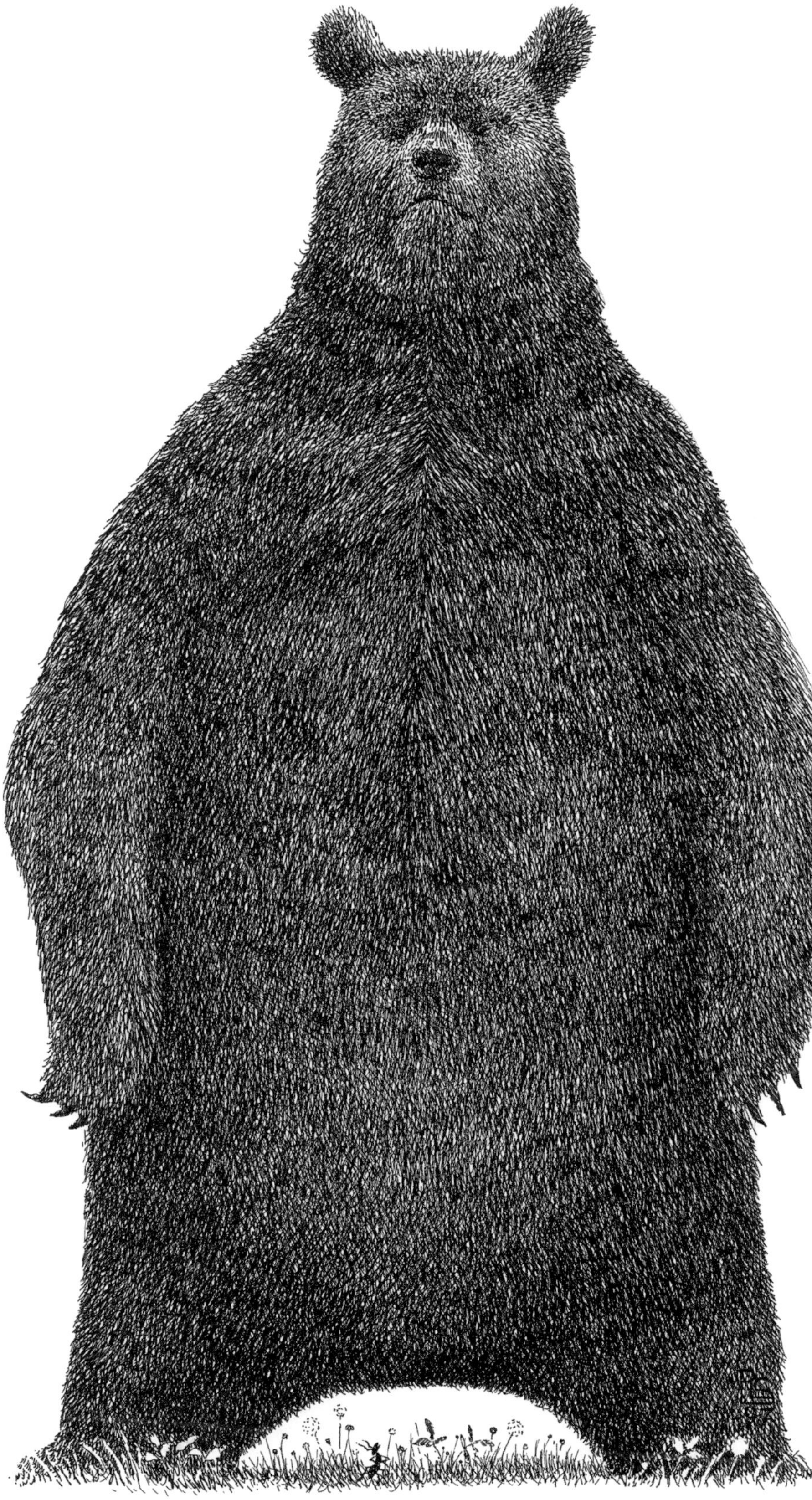

Erschrocken begannen die Tiere nach der Ameise zu suchen, und als sie sie endlich fanden, klagte und schimpfte sie sehr. Das wurde dem Anführer des Ganzen, dem Fuchs, zu dumm, und er sagte:

»Halt den Mund, Ameise. Der Bär ist und bleibt der Stärkste hier, und Waldgott Tapio hat ihn zum Herrscher des Nordens auserkoren. Wenn uns im Wald der Bär entgegenkommt, müssen wir alle weichen.«

Doch so schnell gab die Ameise nicht auf. Zeternd warf sie sich vor den Fuchs in den Sand. »So viele Tannennadeln, Körnchen und Steinchen habe ich geschleppt und den Boden für unsere Straße geebnet! Und alles, was ich kriege, ist eine Misshandlung des gemeinen Bären.«

Aber der Fuchs konnte die Ameise trösten.

»Du darfst dein ganzes Leben lang Nadeln und Körnchen tragen und daraus riesige Häuser für dich und die Deinen bauen! Alles, was dir auf dem Boden im Weg liegt, darfst du dafür verwenden. Und jedes Tier, das du besiegst, zur Beute nehmen. Außerdem bekommst du einen brennenden Saft, mit dem du die anderen bespritzen kannst. Damit wirst du selbst die Größten vertreiben. Und als Letztes kriegst du noch eine Portion zusätzliche Kraft, dann bist du für deine Körpergröße wirklich die Stärkste weit und breit.«

Damit war die Ameise zufrieden, und mit erhobenem Kopf krabbelte sie davon.

Als Nächstes wollte der Wolf wissen, was der Fuchs ihm geben würde. Von der harten Arbeit stand sein Maul noch weit offen, seine Lefzen schlabberten müde herab. »Was ist *mein* Lohn, Fuchs?«, fragte er mit letzter Kraft.

»Du darfst fressen, was immer du zwischen die Zähne bekommst. Schafe, Ziegen und Schweine!«

»Das hört sich gut an. Und da meine Zähne gerade schwerste Stämme und Steine getragen haben, bin ich für all die saftigen Schafe, Ziegen und Schweine bestens vorbereitet.«

Dem Luchs gab der Fuchs schnelle Beine und scharfe, gebogene Krallen, und zu guter Letzt streute er ihm noch weiße und schwarze Steinsplitter auf den Rücken. So kam der Luchs zu seinem hübsch gescheckten Fell. Als der Hase aufgeregt umhersprang und seinen Lohn erhalten wollte, schleuderte der Fuchs ihm einen kleinen Heuball aufs Hinterteil und schenkte ihm so seinen adretten Puschelschwanz. Derweil war das Eichhörnchen schon unruhig von Ast zu Ast gehüpft, und es sollte auch nicht länger warten: Der Fuchs warf einen langen, üppig bewachsenen Zweig nach ihm, und just in diesem Moment wandte das Eichhörnchen dem Fuchs den Rücken zu. So bekam es seinen langen, flauschigen Prachtschwanz, den es oben auf der Tanne selig bewunderte.

Die Mäuse und Ratten bewarf der Fuchs mit langem, dürrem Reisig, sodass sie von diesem Tage an elegante, lange Schwänze trugen.

Ganz oben in der Birke saß noch das Birkhuhn und rief immer und immer wieder: »Und was kriege ich?«

»Du sollst stets genug Knospen und Beeren zu fressen finden. Und in den Sümpfen führst du zur Balzzeit deine stolzen Tänze auf.«

Und da war auch das hübsche Birkhuhn zufrieden.

Die Geschichte des Haselhuhns

Das Haselhuhn, das seinen Bürzel so schnell wippen lassen konnte, hockte betrübt auf einem Ast und beobachtete, wie die anderen Tiere ihre Belohnung erhielten. Was würde es wohl selbst bekommen? Würde es überhaupt etwas bekommen? Das Los des Haselhuhns war ohnehin ein schweres. Vor langer, langer Zeit waren die Waldgötter Tapio und Mielikki mit ihrem Pferdewagen durch den Wald gefahren, und das Haselhuhn, das damals noch so groß war wie ein Stier, wollte die beiden herausfordern und seine Macht beweisen. Es sprengte mit einer solchen Wucht aus seinem düsteren Gebüsch hervor, dass der Erdboden bebte und das Pferd vor Schreck vom Pfad abkam und sich zwischen Steinen und Ästen die Beine brach. Als Tapio und Mielikki sich beruhigt hatten und erkannten, dass das Haselhuhn hinter diesem gemeinen Angriff steckte, mussten sie es wohl oder übel bestrafen. Und da das Haselhuhn aus Stolz und Übermut gehandelt hatte und sich über höhere Wesen hatte stellen wollen, fiel die Strafe hart aus.

Mit ernster Stimme verkündeten Tapio und Mielikki, dass das Haselhuhn von dieser Stunde an stetig schrumpfen würde, bis ans Ende der Tage, genauer gesagt so lange, bis es durch einen Fingerring fliegen konnte, ohne ihn mit den Flügelspitzen zu berühren. Seither sagt man in Finnland: »Tja, da wirst du so klein wie das Haselhuhn am Ende seiner Tage.« Seit dieser Strafe ist das Haselhuhn ein melancholischer Vogel, der still in schattigen Sträuchern kauert.

Der Fuchs gab dem Haselhuhn nun folgenden Lohn: Es durfte so viele Knospen und Kätzchen essen, wie es wollte, und erhielt eine kleine Flöte, auf der es seine traurigen Weisen spielen konnte.

Dem Schneehuhn gab der Fuchs ein weißes Winterkleid und ein geschecktes Sommerkleid, und dem Auerhahn so viele Kiefernnadeln, wie er nur essen konnte, und obendrein eine prächtige Stimme und einen wilden

Tanz – so aufsehenerregend, dass der Auerhahn beim Tanzen vor Begeisterung beinah in Ohnmacht fiel.

Bis zur Dämmerung hatte der Fuchs auch den letzten Tieren ihren Lohn gegeben, und so konnte es endlich Abend werden.

Die Geschichte des Kuckucks

Der Kuckuck, ein Graumantel mit gestreiftem Wams, flatterte in die obersten Birkenzweige und sang mit reizender Stimme: »Kuckuck, Kuckuck!« Als die anderen Tiere ihn hörten, fragten sie ihn sogleich, weshalb er nicht beim Bau der Straße mitgeholfen habe, es seien ohnehin zu viele Tiere faul gewesen.

Der Kuckuck antwortete mit klangvoller Stimme: »Lasst es mich euch erklären.« Und so erzählte er den Tieren seine Geschichte, wobei er zwischendurch immer wieder wunderbar »Kuckuck« rief. »Früher war ich eine schöne Königstochter und kein Vogel. Und ich konnte schon damals wundervoll singen. Ich bildete mir viel auf meine Stimme ein, und als ich eines Tages tief seufzte und mir wünschte, dass alle Welt mich hören könne, vernahm dies der große Schutzgeist und verwandelte mich in einen Kuckuck. Seitdem fliege ich von Baum zu Baum, biete allen Tieren meinen Gesang dar und künde ihnen vom hellen Frühling. Alle können mich hören und werden von meinem Lied in den Sommer geleitet. Aber da ich mit dem Singen tagein, tagaus beschäftigt bin und von Baum zu Baum flattern muss, um die Kunde der warmen Jahreszeit zu verbreiten, müssen andere Vögel für meine Jungen sorgen. Nicht mal zum Nestbau komme ich, und so muss ich meine Eier in fremde Nester legen und meine Brut von fremden Vögeln füttern und großziehen lassen. Ihr ahnt es schon, bei so viel gesanglichem Einsatz kann ich nie und nimmer eine Straße bauen, aber wenn ihr mir das nachseht, singe ich euch umso länger und umso inniger mein hübsches Lied! Kuckuck, Kuckuck! Aber lasst es mich nicht von *jedem* Baum heruntersingen, dafür ist der Wald zu groß, ich bitte um Gnade.«

Die Tiere hatten ein Nachsehen und fanden, es genüge, wenn der Kuckuck von *einem* Baum aus sänge, allerdings so lange, bis ihm die Kraft ausginge. Und so beendet der Kuckuck seinen Gesang auch heute noch des Öfteren mit einem kleinen, müden Krächzer.

Die Geschichte der Schwalbe

Die geschickte Schwalbe mit ihrem gegabelten Schwanz drehte in der Luft ihre kunstvollen Kreise. Als sie hörte, dass der Fuchs alle faulen Tiere bestrafen wollte, beschloss sie, von ihrem Schicksal zu erzählen.

»Ehe du mich womöglich bestrafst, lieber Fuchs, höre mir erst einmal zu.«

Der Fuchs seufzte. Allmählich hatte er die vielen Geschichten satt. »Also gut, werte Schwalbe, fang an.«

Und die Schwalbe fing an. »Ich war nicht immer ein Vogel. Früher war ich ein Menschenkind und wuchs zu einer schönen jungen Frau heran. Ich lebte hier in diesem hübschen Landstrich, und irgendwann kam die Zeit zu heiraten. Bewerber gab es viele, und ich wählte mir den Besten. So zog ich als Schwiegertochter auf den feinen Windhof, das stolze Gehöft.

Ich Ärmste hatte ja keine Ahnung, was für ein Trauerspiel dort auf mich wartete.

Meine Schwiegermutter war so gemein und niederträchtig, dass ich es nicht glauben würde, hätte ich es nicht selbst erlebt. Schon nach meiner ersten Nacht im neuen Heim riss sie mich frühmorgens aus dem Schlaf und zerrte mich an den Webstuhl.

Also webte ich, so gut ich konnte. Die Arbeit war mühsam, und obendrein schnitt meine Schwiegermutter den fertigen Stoff immer wieder kaputt. Außerdem behauptete sie, ich hätte die Schere und das Garn gestohlen, dabei hatte sie diese absichtlich versteckt. Mit viel Geduld und Ausdauer bekam ich bis zum Abend ein Stück Stoff fertig, das jedoch von meinen vielen Tränen ganz nass war.

Am nächsten Tag trug meine Schwiegermutter mir auf, die Wände sauber zu schrubben. Das allein wäre schon anstrengend genug gewesen, doch sie hieb mit der Axt hässliche Kerben in die Wand, die ich auszubessern hatte. Kaum hatte ich diese Arbeit mit Mühe und Not bewältigt, wartete auch schon die nächste Aufgabe auf mich.

›Heize die Sauna‹, befahl meine Schwiegermutter, und was blieb mir anderes übrig als zu gehorchen. Ich zündete ein Feuer im Saunaofen an und ging zum Schuppen, um mehr Holz zu holen. In diesen wenigen Minuten löschte meine Schwiegermutter das Feuer und goss noch eine Kelle kaltes Wasser in den Ofen.

Als ich die Sauna mit dem Brennholz im Korb wieder betreten wollte, stellte sie sich mir in den Weg und schimpfte, das Feuer sei ausgegangen.

Ich machte mich erneut an die Arbeit, und als ich noch mehr Brennholz holen wollte, spielte meine Schwiegermutter mir den bösen Streich noch einmal. Angeblich hatte ich wieder so schlecht geheizt, dass das Feuer ausgegangen war.

Ich beschickte den Saunaofen also ein drittes Mal, und da ich genug Holz mitgebracht hatte, wurde die Sauna nun endlich heiß.

Als ich hineingehen durfte, trug ich nichts am Leib als meinen goldenen Ehering, den ich in der tröstenden Wärme unter vielen Tränen hin und her drehte.

Mein Schicksal war grauenvoll, meine Schwiegermutter bösartig, und mein Ehemann beschützte mich nicht. Ich wünschte mir nichts sehnlicher, als den Windhof so bald wie möglich verlassen zu können.

Nach der Sauna kehrte ich zurück in die Bauernstube und sagte zu meiner Schwiegermutter: ›Dreimal hast du mich leiden lassen. Ich musste unter schwersten Bedingungen weben, schrubben und die Sauna heizen. Meine Finger und meine Seele sind wund, mehr ertrage ich nicht.‹

In diesem Augenblick rettete mich der Schöpfer persönlich und verzauberte mich in eine Schwalbe.

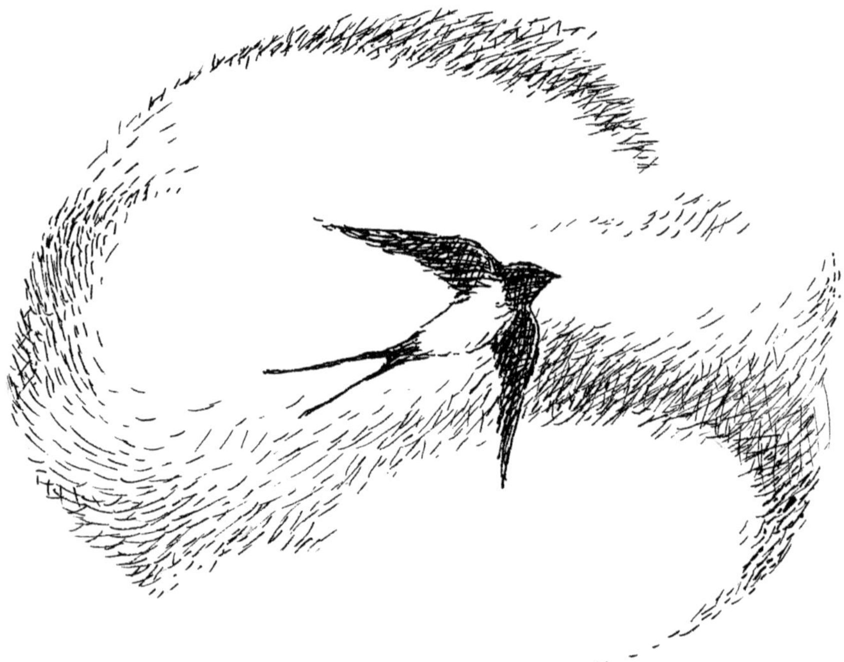

Meine Schwiegermutter sah der Verwandlung aufgebracht zu und versuchte nach mir zu schlagen, doch weil ich schrumpfte, traf sie nur meinen Schwanz. Dieser ist von ihrem Hieb bis heute gespalten. Aber ich konnte sofort in die Freiheit fliegen und zwitscherte vor Erleichterung die schönsten Lieder, und immer, wenn ich komme, folgt der Sommer mir bald nach.«

Der Fuchs überlegte und sagte dann:

»Gut, Schwalbe. Du stammst vom Menschen ab, deshalb sollst du in ihrer Nähe wohnen. Du darfst dein Nest unter dem Dachüberstand, unter Traufen und am äußeren Dachbalken bauen, und die Menschen werden sich freuen und dich in Ruhe lassen.«

Da stob die Schwalbe glücklich davon und tirilierte ihr fröhliches Lied.

Der Fuchs blickte in die Runde und fragte: »Will etwa noch ein Tier seine Geschichte erzählen? Oder ist endlich Schluss für heute?«

Als niemand sich meldete, verkündete der Fuchs sein Vorhaben für den nächsten Tag: Dann endlich sollten alle, die beim Bau der Straße gefehlt hatten, ihre Strafe erhalten.

Strafe für die Faulen

Scheu schlurften die faulen Tiere herbei und traten vor den Fuchs. Sie beäugten einander misstrauisch und warteten auf das Urteil. Auch die Ameise und die Maus, die eine gewöhnliche Waldmaus war, kamen herbei. Sie berichteten dem Fuchs, wie die Spitzmaus sich verhalten hatte:

»Während *wir* fleißig geackert und gearbeitet haben, hat *sie* nur im Moos gehockt und albern herumgepiepst. Und als wir sie inständig um Hilfe baten, hat dieses pelzige Trichtermaul, dieser spitzzahnige Wegschatten so getan, als wäre unser Vorhaben ganz uninteressant, pah! Diese dumme Spitzmaus zeigte sich stolz und eingebildet und behauptete, sie würde unsere Straße sowieso nicht brauchen. Sie hätte nämlich ihre eigenen Routen! Da haben wir ihr gesagt: Wenn sie nicht mithilft, darf sie unsere Straße auch nicht betreten. Und wenn doch, dann soll sie auf der Stelle tot umfallen. – Und das, Fuchs, sollst du ihr als Strafe geben.«

Der Fuchs hatte aufmerksam zugehört und wandte sich nun der Spitzmaus zu, die unter einem Blaubeerbüschel kauerte und einen Schmollmund zog.

»Es ist deine eigene Schuld, Spitzmaus. Eine Bitte um Hilfe sollte man nicht abschlagen. Aber du hast dich fürs Faulenzen entschieden, und ab sofort wirst du tot umfallen, wenn du unsere Straße betrittst.«

Seit diesem Tag sah man im Wald immer wieder schlaffe Spitzmäuse auf den großen Wegen liegen, die keinen Mucks mehr taten, und wenn ihr seidiges Fell noch so glänzte.

Auch der Vielfraß mit dem dunkelbraunen Pelz hatte beim Straßenbau nicht mitgewirkt. Er ergriff sogleich das Wort und versuchte sich herauszureden:

»Ich bewege mich vor allem nachts und nicht tagsüber, und ich drehe meine eigenen Runden. Eure Straße brauche ich nicht.«

Selbst wenn der Fuchs das ein wenig verstehen konnte, gab er auch dem Vielfraß eine Strafe: Ab diesem Tag musste er seine Beute fangen, indem er ihr umständlich von oben auf den Rücken sprang, und er verbreitete einen schrecklichen Geruch, vor dem alle Reißaus nahmen. Kaum hatte der Fuchs sein Urteil verkündet, nahm der Vielfraß seinen neuen üblen Geruch in Gebrauch und feixte, als die anderen Tiere mit ekelverzerrten Gesichtern beiseitehüpften. Als wieder Ruhe einkehrte am Versammlungsort und der Vielfraß sich zur Erleichterung aller entfernt hatte, setzte der Fuchs die Verkündung der Strafen fort.

»Auch du, Marder, hast nur durch Abwesenheit geglänzt. Von nun an sollst du dein Zuhause nicht mehr auf der Erde, sondern in faulen Baumstämmen bauen. Und du sollst in Bäumen hin und her hüpfen müssen, so wie das Eichhörnchen. Das wird deine Faulheit vertreiben!

Und nun du, Biber, alter Plattschwanz. Wo warst du, als wir geschuftet haben? Ab heute sollst du große Dämme bauen und jeden Stamm mühsam durchnagen. Aber ich gebe dir auch einen Duftstoff mit, dem niemand widerstehen kann.« An dieser Stelle war dem Fuchs seine Macht wohl etwas zu Kopf gestiegen – er gestikulierte wild und benahm sich fast wie im Rausch. Als die Schlange herbeikroch, bestimmte er, dass sie fortan ohne Beine und Haare leben müsse, und seither wand die Schlange sich direkt auf dem Boden und ohne schützendes Haar voran. Auch der Frosch und die Eidechse mussten die Haare, die sie bis dahin besessen hatten, abgeben und sich mit nackter Haut begnügen.

Die Verteilung der Strafen dauerte bis spät am Abend. Erst als der Mond schon hoch über der Lichtung stand, tappten die letzten Tiere zum Schlafen in ihre Nester.

Die Geschichte der Fledermaus

Als der Fuchs dachte, er hätte nun alle Tiere mit Belohnungen oder Strafen bedacht, kam unverhofft die Fledermaus herbeigeflattert, das ledrige Nachtwesen mit den Faltflügeln.

»Du kommst aber spät«, stellte der Fuchs fest und sah die Fledermaus fragend an. Die Fledermaus grinste und sah dabei recht scheußlich aus.

»Ich komme spät, weil ich ein Nachtwesen bin«, gab sie zurück. »Ich fliege und jage nur nachts. Und nie setze ich auch nur einen Fuß auf den Erdboden. Eure Straße brauche ich nicht. Deshalb habe ich beim Bau nicht mitgeholfen.«

Der Fuchs fand die Erklärung einleuchtend, zugleich störte ihn etwas an der Fledermaus. Sollte er sie bestrafen oder nicht?

»Erzähle mir mehr von dir«, forderte er die Fledermaus auf. »Deine Gestalt wirkt düster, und obwohl du fliegen kannst, siehst du anders aus als ein Vogel. Was hat es damit auf sich?«

Die Fledermaus grinste ein zweites Mal, jetzt noch breiter, und zeigte ihre kleinen, spitzen Zähne.

»Ich bin eine andere Art Vogel, und erschaffen hat mich der Teufel. Als der Schöpfer die Schwalbe schuf, ihr einen hübschen schwarzen Rücken und den eleganten Gabelschwanz gab und sie auch noch wunderschön tirilieren ließ, wurde der Teufel neidisch. Er schaute den Schöpfer scheel an und dachte: ›So einen Vogel kann auch ich erschaffen.‹

Und so machte der Teufel sich ans Werk. Aus Leder nähte er Flügel, aus Splittern machte er Krallen, und an den Kopf setzte er große Ohren. Doch als seine Schöpfung in die Luft steigen und fliegen sollte, wurde der Teufel enttäuscht. Das neue Wesen blieb leblos am Boden. Es half nichts, er musste den Schöpfer um Hilfe bitten. Der Schöpfer blies dem Tier Atem ein, und schon flatterte das Wesen davon. Dieses Wesen bin ich. Der Teufel aber war so unzufrieden mit meiner Gestalt, dass er mich von meinem

Schöpfungstag an nur nachts fliegen ließ. Mich sollen so wenige Tiere sehen wie möglich.«

Der Fuchs hatte die Geschichte nachdenklich angehört, und auch ein paar andere Tiere, die noch mal zurückgekehrt waren, wiegten den Kopf ratlos hin und her. »Vielleicht hat die Fledermaus sich das nur ausgedacht?«, rief jemand. Da aber keiner wusste, wie ein Tier wie die Fledermaus sonst entstanden sein könnte, und auch der Fuchs keine Idee hatte und sich obendrein milde fühlte, beschloss er, die Fledermaus *nicht* für ihre Faulheit zu bestrafen. Und schon flog sie mit ruhigen Flügelschlägen fort in die Nacht.

Der Fuchs bekommt seine Belohnung

Der Tag der Bestrafungen war lang gewesen, und müde von der vielen Verantwortung legte sich gegen Mitternacht endlich auch der Fuchs schlafen. Am nächsten Morgen fiel ihm jedoch ein, dass *er* bisher leer ausgegangen war – dabei stünde doch gerade ihm eine besonders große Belohnung zu. Also rief er die Tiere zu einer weiteren Versammlung zusammen, und erstaunt darüber, weshalb man sich schon wieder treffen solle, kamen sie alle rasch herbei. Der Fuchs kletterte erneut auf einen Stein und sprach mit einschmeichelnder Stimme: »Ihr Lieben! Was soll denn ich als Belohnung bekommen? Der Straßenbau war eine gewaltige Anstrengung, und ich habe für alles die Verantwortung getragen.«

Die Tiere sahen sich erstaunt an – darüber hatten sie bisher nicht nachgedacht. Doch mussten sie dem Fuchs beipflichten, und so begannen sie zu überlegen. Ein Vorschlag nach dem anderen wurde verworfen, nichts schien recht zu passen. Der Fuchs wurde allmählich ungeduldig und lauerte mit schiefem Blick auf seinem Stein. Endlich meldete sich der Bär zu Wort. Er stand auf und räusperte sich die Kehle frei: »Wir haben uns geeinigt. Hiermit verleihen wir dir, lieber Fuchs, deine Belohnung. Für deine umsichtige Arbeit und großartige Leistung möchten wir, die Tiere des Waldes, dir, guter alter Freund, nach gründlicher Beratschlagung und reiflicher Überlegung, einmütig und aus freien Stücken, jeweils ein Drittel unserer Klugheit überlassen. Werter Fuchs, hoffentlich gefällt dir unsere Belohnung.«

Der Fuchs lauschte verzückt und fand, das klänge ganz hervorragend. Als aber der Bär und die anderen Tiere sich sogleich wieder in den Wald verkrochen und der Fuchs allein auf seinem Stein sitzen blieb, fing er an sich zu wundern: Merkwürdig. Hatte er seinen Lohn wirklich bekommen? Obendrein war es höchst erstaunlich, dass der Bär sich derart klug und gewählt ausgedrückt hatte, sodass man gleich tief beeindruckt war. Woher er das wohl hatte!

Anhang

BIRKENRINDEN-KORB. Aus Birkenrinde geflochtenes, typisch finnisches Traggefäß, das es in den verschiedensten Größen gibt. Die Tiere sammeln in solche Körbchen ihre Beeren, als sie vor dem Weltuntergang fliehen.

BLEUEL. Handlicher flacher Holzgegenstand mit Griff, zum Klopfen und Reinigen von Wäsche. Die Henne benutzt ihn, als sie die Hose des Hahns wäscht.

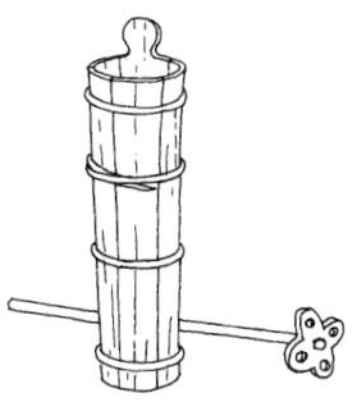

BUTTERFASS. Hohes, schmales Holzgefäß, in dem aus Milch mithilfe des Butterstampfers (s.u.) Butter gestampft wird. Die Bäuerin vom Waldhof beherrscht diese Technik.

BUTTERSTAMPFER. Langer Stab mit einer breiten, stabilen Scheibe unten, in der sich Löcher befinden. Der Butterstampfer wird im Butterfass (s.o.) rhythmisch auf und ab bewegt. Durch die Bewegung wird aus der Milch nach und nach Butter. Der Fuchs bekommt damit eine weiße Schwanzspitze verpasst.

BUTTERTOPF. Hölzernes Aufbewahrungsgefäß mit Deckel. Gleich in der ersten Geschichte stehlen der Bär, der Wolf und der Fuchs den Buttertopf der Bäuerin.

DRESCHFLEGEL. Altes Werkzeug zum Dreschen, also dem Herauslösen des Korns aus der Getreidepflanze nach der Ernte. Der Bär und der Wolf dreschen damit das Korn.

FIRSTBALKEN. Auch Firstpfette genannt. Der große, lange, innen gelegene Balken unterm Dach eines Holzblockhauses. Bei der Flucht der Tiere setzen sich die Vögel auf den Firstbalken der Waldhütte.

HEUBOCK. Aus Holz konstruiertes Gestell zum luftigen Lagern von Heu. Heuböcke baute man, wenn man nicht genug Platz in der Scheune hatte. Der Wolf sitzt oben auf einem Heubock und wartet darauf, dass sein Fell farbig wird.

KESSELHAKEN. Besteht aus Metall oder Holz, hängt über der Feuerstelle und hält den Kessel fest, in dem gekocht wird. Oben wird der Kesselhaken zum Beispiel am Firstbalken direkt unterm Dach befestigt. Der Bär nutzt den Kesselhaken beim Breikochen.

RODEN. Dient der Gewinnung landwirtschaftlicher Nutzfläche im Wald. Die Bäume werden gefällt, die Stämme beiseite geräumt, die Wurzeln und sämtliche weitere Vegetation niedergebrannt und die Erde umgepflügt. Dann kann eine Aussaat erfolgen. Der Bär, der Wolf und der Fuchs versuchen sich gemeinsam in dieser alten landwirtschaftlichen Methode.

RÜHRSTAB oder **RÜHRLÖFFEL.** Wird aus dem weichen Wipfelholz junger Kiefern gefertigt. Der Bär rührt damit den Brei über der Feuerstelle um.

SCHLEIFSTEIN. Harter, rauer Stein, mit dem Messer und Sensen geschärft werden. Der Hahn wirft damit nach einem Schwan.

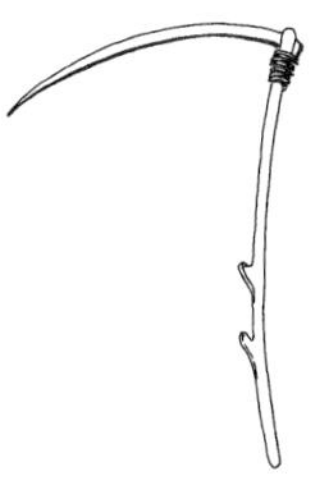

SENSE. Altes Werkzeug zum Mähen von Gras, Getreide und kleinen Büschen. Der Rabe sagt der Bäuerin, sie solle eine Handsense auf den Käse legen, damit ihn niemand klaut, und schnappt ihn sich dann selbst, während sie die Sense holt.

SPREU. Die beim Korndreschen vom Getreide abfallenden Samenhüllen. Den Haufen mit der Spreu erhält der Wolf.

TRAGSTOCK. Langer Stab aus hartem Holz. Dient dem Tragen des hölzernen Wasserbottichs, der oben zwei Henkel hat, durch die der Tragstock hindurchgeschoben wird. Die Bäuerin verdrischt damit den Bären.

TRINKGEFÄSS. Besteht aus Holz und hat zwei Griffe, sieht aus wie ein kleiner Holzbottich. Der Hahn trinkt daraus sein Bier.

VORRATSHÜTTE oder **SPEICHERHÄUSCHEN.** Kleines Gebäude aus Holzbalken, das auf einem Holzgerüst oder auf Pfählen steht. Die meisten Bauernhöfe verfügten über mehrere Speicherhütten: für Nahrung, für Mehl, für unvermahlenes Getreide und für Kleidung. Auch Übernachtungshäuschen der gleichen Bauweise gab es. In der ersten Geschichte stibitzen der Bär, der Wolf und der Fuchs den Buttertopf der Bäuerin aus einer solchen Vorratshütte.